「幸福の科学教学」を学問的に分析する

AN ACADEMIC ANALYSIS OF THE TEACHINGS OF HAPPY SCIENCE

大川隆法

RYUHO OKAWA

まえがき

「幸福の科学」という宗教は開祖・大川隆法（著者）の大悟《たいご》からまだ三十四年という比較的若い教団ではあるが、今、実質上、日本の宗教界の主砲であり、かつ、エースでもある。

海外伝道も盛んで、二十七言語に訳された著作群は、全世界百カ国以上で展開される伝道活動の起爆剤となっており、南米、アジア、アフリカ圏での成長が著しく、欧米でも中核層へと、着々と伝道が進んでいる。特に、インド、ネパール、スリランカなどの仏教国では、総裁の巡錫《じゅんしゃく》・講演やテレビ、ラジオ、新聞などでの報道効果もあって、「再誕の仏陀《ぶっだ》」として知られ、キリスト教が五百年で日本で獲得した信者数を超える信者が誕生している。またフィリピンやブラジルなどのカトリック圏でも、爆発的な伸び方を示している。

初代で大教団としての形を創り上げた実績は、客観的にも認識されるが、その多様な教えを一冊に凝縮《ぎょうしゅく》することは、宗教学者にも困難な事業であった。ここに開祖自らがペンをとって、学問的に書き下ろしたことは、未来への大きな一石を投じたことになるだろう。

二〇一四年　九月三日

幸福《こうふく》の科学《かがく》グループ創始者兼総裁《そうししゃけんそうさい》
幸福《こうふく》の科学大学創立者《かがくだいがくそうりつしゃ》　大川隆法《おおかわりゅうほう》

「幸福の科学教学」を学問的に分析する　目次

「幸福の科学教学」を学問的に分析《ぶんせき》する

二〇一四年九月一日　説法《せっぽう》
東京都・幸福の科学　教祖殿《きょうそでん》　大悟館《たいごかん》にて

「幸福の科学教学」を学問的に分析《ぶんせき》する

二〇一四年九月一日　説法《せっぽう》

東京都・幸福の科学　教祖殿《きょうそでん》　大悟館《たいごかん》にて

1　学者的・学問的な目から「幸福の科学教学」を分析《ぶんせき》する

今回の法話《ほうわ》のきっかけとなった審議会《しんぎかい》からの指摘《してき》

今日は、「幸福の科学教学」というテーマの話です。

幸福の科学大学設置認可申請《しんせい》に当たり、大学準備室が書類をいろいろ提出したのですが、審議会《しんぎかい》からは、「『幸福の科学教学』という科目があり、それを教えることになっていて、教える人たちの名前などを挙げているけれども、経典《きょうてん》学《がく》を含《ふく》む、『幸福の科学教学』の内容がよく分からないので、それを教える人たちに十分な資格があるかどうかが分からない」というようなところを指摘《してき》してきています。

これについては、ある意味で、自縄自縛《じじょうじばく》のところもあり、本を出しすぎたことで非常に困難さを増しているところがあるのです。おそらく、本当は内部の人間でも困る部分ではないかと思います。「それを整理しているうちに、どんどん本が増えている」という状況《じょうきょう》で、絶えず流動して、広がっているので、それを〝静止した画像〟として捉《とら》えるというのは、簡単なことではないでしょう（注。説法時点で千六百冊以上の著作群がある）。

ですから、これについて、「たくさんの本があるのは分かるけれども、『幸福の科学の教学』とは、いったい、どのようなものなのか」ということを、素朴《そぼく》に尋《たず》ねたくなるのも人情でありましょうし、調査する人にとっては、「分かるように言ってくれるとありがたい。『全部、読め』と言われるのでは、たまらない」というところはあるだろうと思うのです。

宗教としては〝不思議な形態〟である「入会審査《しんさ》」があった理由

幸福の科学が宗教法人格を取得した一九九一年の段階で、当会の代表者が三人ぐらいテレビに出て、議論をしたこともあるのですが、司会者から教義について訊《き》かれたとき、広報担当者が、「とにかく本を十冊読んでください」と答えているのを見て、私も、「これは、まずいな」と思ったのを覚えています。

しかし、そのように答えた理由も分かるのです。

当会が初期のころは、「霊言集《れいげんしゅう》」というかたちで、かなりいろいろな霊言が発刊されていました。それは、もちろん、「個性の証明」と「霊人《れいじん》の証明」という意味も含んでいます。個性も違《ちが》い、考えも違うけれども、高級霊《こうきゅうれい》として、一定の内容を含んだ教えが入っていましたので、「一冊の本だけを読んで、全部が分かる」ということにはなっていなかったわけです。

そのため、「本を十冊ぐらい読んでもらえれば、だいたいのことは分かるし、十冊ぐらい読んでからでないと、入会してもらわないほうがよいだろう」ということで、当会には入会審査《しんさ》があったのですが、宗教としては少し〝不思議な形態〟を取っていました。

つまり、「十冊以上の本を読んで、自分の考え方を書いてもらい、それを、こちらのほうで審査し、『入会に値《あたい》するかどうか』を判定する」というかたちだったのです。

最初は、そのようにしていたのですが、それでも、普通《ふつう》の宗教でいうと、少し多すぎるほどの会員が集まりました（注。初期のころは、「信者」のことを「会員」と呼んでいた）。

ただ、海外伝道が始まったあたりで、海外の政治当局のほうからは、宗教活動についての免税措置《めんぜいそち》等が一部あるため、「宗教団体である以上、救済が目的なのだろうから、『入りたい』という人は、みんな入れてあげるべきだ。入会審査があるというのは、少しおかしいのではないか」というような意見もあって、「いつまでも内部の事情だけでいくのは、よくないのかな」と思ったのです。

最初のころは、基本的に、本人の入会における希望の強さの程度によって、「正会員」、あるいは、「誌友《しゆう》会員」というように分かれていました。しかし、だんだんに、「信者」という言葉もはっきり出てくるようになり、現在は、「信者」と「会員」、あるいは、「書籍《しょせき》を購読《こうどく》するレベルの信者」など、幾《いく》つかの段階があり、信仰《しんこう》のレベルによって、そのような差はついているけれども、基本的に、「入りたい」という人は、入《はい》れるようなシステムになっています。

これについては、どの宗教でも、大きくなれば、なかなか拒《こば》めない部分があり、仏教教団などでも、仏陀《ぶっだ》を誹謗中傷《ひぼうちゅうしょう》したりするなどの〝五逆罪《ごぎゃくざい》〟を犯《おか》したような者は、もちろん、除名処分にされることもありますし、全員が全員、入れるわけではないものもありますが、基本的に、「希望する者は入《はい》れる」というかたちにはなっているのです。

その過程において、やはり、ある程度、教義を整理していかねばならないところもあって、こちらのほうからも、「幸福の科学の基本教学が、どのようなものか」ということを、なるべく分かりやすくしていく努力が必要だったと考えています。

「幸福の科学教学」に対して客観的に迫《せま》りたい

本書では、「幸福の科学教学を学問的に分析《ぶんせき》する」という題を付けてみたのですけれども、大学を設立するに当たって、「学問として認められるかどうか」というところも、議論の対象にはなっているわけです。「学問としての宗教」と「信仰の対象としての宗教」を分けて考えるのが、学者側の習性ですので、ある程度、そのニーズにも応《こた》えなければならないとは思っています。

したがって、本書では、「幸福の科学教学」についてい語りますけれども、霊人ではなく、大川隆法が語っているので、「大川隆法自身による大川隆法批判」のようなものを、いろいろ展開するかもしれません。ただ、それは、学問的ではあるのですが、やや自己矛盾《むじゅん》を起こすことがあるため、若干《じゃっかん》、〝厳しい〟要求ではあります。

たいていの宗教は、古くなっているため、初代や開祖が亡《な》くなって何代か続いたあと、いろいろな人の意見や研究がたくさん積み重なった上で、それを客観的に批判したり、記述したりすることが多くなってきますし、その何代目かの方々も、その批判を受けた上で、教学に修正をかけながら生き延びているというのが、基本的なスタイルだろうと思います。

開創《かいそう》時でそれを、学問的な分析に耐《た》えうるかたちにまで固めるというのは、そう簡単なことではないでしょう。

今回は、できるだけ客観的に迫《せま》りたいと思っているため、「教祖自身による教祖批判」が出る可能性もなきにしもあらずです。また、「教祖自身による幸福の科学批判」が出る可能性もあるし、「幸福の科学活動批判」も出るかもしれません。

そのようにするつもりではないのですが、「そうした、第三者の目や宗教学者の目から見たら、このように映るのではないか」と思うことを述べる必要があると思っています。

ですから、本書『「幸福の科学教学」を学問的に分析する』では、基本的に、「教祖として、『この教えを広げたい』という気持ちで、幸福の科学教学についてまとめる」という立場ではありません。

それから、高弟《こうてい》や講師の資格を持ち、長い活動歴がある、出家《しゅっけ》と呼ばれている職員たちが、教義や教学を教えるための教本としての内容でもありません。また、教えを受ける側である在家《ざいけ》の信者たちから見て、「幸福の科学教学とは、このようなものだろう」と思うような内容でもありません。

さらに、それ以外の、一般《いっぱん》の人の目から見ての幸福の科学教学でもありません。

中心的には宗教学者でありましょうけれども、あくまでも、「学者的・学問的な目から見て、『宗教としての幸福の科学』が、どのように分析されるべきか」ということです。

2　開祖の時代に宗教を分析《ぶんせき》することは難しい

キリスト教や仏教に見る「草創期の分析《ぶんせき》」の難しさ

本来は、百年か二百年ぐらいたってからのほうが、内容が固まるので、分析《ぶんせき》しやすいとは思うのです。現在進行形でやっているものを、客観的に描写《びょうしゃ》し批判するのは、そう簡単なことではないと思いますが、現在進行形でやっている開祖の時点で学問化し、大学の設立を申請《しんせい》している以上、やや自己矛盾《むじゅん》に陥《おちい》る部分もありますが、できるだけ努力はしてみるべきかと思っています。

時間がたったものであれば、振《ふ》り返っても動きませんので、それを分析することは簡単です。しかし、現在進行形のものは「変化」が可能ですので、その内容に「変化」があったときに分析が狂《くる》ってくるため、難しいということになります。

一般《いっぱん》的な、宗教学が宗教を分析《ぶんせき》する場合の手法に近いかたちのアプローチをしようとは思いますが、宗教学が宗教を分析する場合でも、たいてい、ある程度、時間がたち、何代目かになって固まってきたり、あるいは、広がりに限界が出たりしてきたあたりであれば、それについて分析することができるけれども、草創期に分析するのは、かなり難しいと思うのです。

草創期であれば、例えば、キリスト教であっても、「イエスが十字架《じゅうじか》に架かっていない段階で、キリスト教を学問的に分析する」というのは、かなり困難なことであるのは事実です。

やはり、「イエスが十字架に架かって復活する」ところまで行かないと、キリスト教の分析等は、学問的には成り立たない部分があります。そうでなければ、「どの部分のイエスまでを分析するのか」ということになりますから、確かに難しいでしょう。

また、釈尊《しゃくそん》であっても、「釈尊が出家《しゅっけ》して成道《じょうどう》する」ところまでで、「釈迦《しゃか》伝《でん》」を書き終える場合もありましょうが、それだけで仏教分析した場合は、完全とは言えないと思うのです。

「釈尊は、出家して修行《しゅぎょう》し、六年後に成道して、悟《さと》りを開く」ということになっていますが、そこで終わりになると、やはり完全ではないでしょう。

物語としては面白《おもしろ》い前半部分ではありますが、釈尊は、三十五歳《さい》で大悟《たいご》してから、その後、八十歳を過ぎるまで、少なくとも四十五年間は伝道しているわけです。その間《かん》に、組織形態、活動形態、あるいは教えや生活形態も変化していますから、実際は、釈尊の人生が閉《と》じて、そのあと、後世に出てきた、いろいろなものまでを含《ふく》めて、「仏教」というのは分析されるわけです。

したがって、釈尊が生きていた当時のことを知っている仏教分析の場合は、それを「根本《こんぽん》仏教」と言う場合もあるし、「原始仏教」として、直接に教えを受けた弟子《でし》たちが生きている間あたりまでを入れる場合もあります。

「仏教」として分析《ぶんせき》されているのは、どの時点のものか

ただ、釈尊に直接教えを受けていたような人たちが亡《な》くなったあとも、いろ

いろな経典《きょうてん》はつくられ続けていきます。そうした経典をつくっている人たちというのは、釈尊から直接の教えを受けていない人たちです。

キリスト教でいえば、イエスを見たこともない、その教えを聞いたこともない人たちが、キリスト教についていろいろと語っているものによって、できてきたキリスト教もあるのと同じように、仏教も、釈尊没後《ぼつご》、何百年もかかって、経典がだんだんつくられていったことは分かっていますので、「どの時点で捉《とら》えるか」という問題もあるだろうと思うのです。

その意味で、いわゆる「根本仏教」ないし「原始仏教」といわれるものは、ずばり「小乗《しょうじょう》仏教」とも一緒《いっしょ》ではないわけです。

「小乗仏教」というのは、「南伝《なんでん》」といわれるもので、釈迦の教えが南のほうに伝えられ、スリランカへ、そしてビルマ（現ミャンマー）やタイなどに伝わっていったほうの仏教です。そうした出家者中心の仏教のことを「小乗仏教」と呼んでいます。

その後、キリスト教において、ルターやカルバンらが新教としてプロテスタントを起こしていったように、仏教でも、「出家者だけが救われるとか、悟れるだけの宗教では十分ではないだろう」ということで、在家《ざいけ》を含んだ広がりを持った「大乗運動《だいじょううんどう》」というものが起きていきました。そうした運動をも含めて、「大乗仏教」と呼んでおり、経典もいろいろつくられていったわけで、仏教にも変容があります。

では、どの時点を捉えて「仏教」と言うのでしょうか。

日本などの仏教は、北伝型《ほくでんがた》の大乗仏教です。北インドから、シルクロードを渡《わた》って、中国、韓国《かんこく》等にも広がった北伝型仏教を「大乗仏教」と呼んでいるわけです。

したがって、現時点では、大乗仏教的に仏教を捉えているのが、日本の仏教者の基本的な立場です。また、彼らは、教学としても、だいたい、大乗仏教的に捉えているとは思います。

3　幸福の科学の特徴《とくちょう》である「啓示《けいじ》型宗教」

「幸福の科学」と「イスラム教」を対比する

そのようなわけで、幸福の科学の場合、確かに、「年数が足りない」という批判が出ること自体は、ありえることであろうと思います。

ただ、反論として言うべきことは、草創期の開祖の場合、自由に教えを説き、いろいろなことをして、さまざまなドラマが展開するわけですが、そうしたドラマが進行している過程においても、幸福の科学の場合は、同時に、本、あるいは、DVD、CDというようなかたちで、なるべく教学を固めていこうと努力しているところが、違《ちが》いとしてはあると思います。

「開祖の段階で、そこまでする」ということは、普通《ふつう》はなくて、それは、二代目、三代目あたりから始まっていくものだと思うのです。

また、幸福の科学の特徴《とくちょう》の一つとしては、「啓示型宗教《けいじがたしゅうきょう》」としての特徴を持っていると思います。

啓示型宗教としては、例えば、イスラム教も、その典型的なものであり、「アッラーの言葉を受け取って、『コーラン』というものができた」ということになっています。

ただ、そうした、アッラーの言葉を受け取っていたムハンマド自体は、「事実上、失神状態にあった」と言われており、周りの人たちが、それを書き取ったものを整理したわけです。

この預言者ムハンマドの跡《あと》を継《つ》いで、教団を運営していく人を「カリフ」と呼んでいます。これは、キリスト教でいえば、「法王《ほうおう》」に当たるのかもしれませんが、初代、二代、三代、そして、四代目あたりまでが、「正統なカリフ」と言われており、だいたい、三代目カリフぐらいまでの間に、『コーラン』の内容は結集《けつじゅう》され、その記述のかたちが固まったと言われています。

そのように、ムハンマド自体は、啓示型というか、いわゆる霊言《れいげん》をしてはいますが、いろいろな霊言をそのときどきにしているわけで、本を書いたようなかたちになっているわけではありません。

その意味で、『コーラン』というのは、あとでまとめた人が編纂《へんさん》してできたものですし、『ハディース』というムハンマドの言行録も、編纂されてできてきたものなので、そのようなかたちで固まってくれば、学問的に研究する対象にもなりやすいのですが、幸福の科学のように現在進行形では、難しいところがあるわけです。

新宗教学者が「幸福の科学」を分析《ぶんせき》しかねる理由

ただ、そのようなところもあるわけですが、現在でも、新宗教学のほうでは、比較《ひかく》的小規模な宗教に関しては、「創唱《そうしょう》宗教」というか、本人が唱《とな》えて開創《かいそう》した宗教についても、いちおうの分析《ぶんせき》は行っています。新宗教学者たちは、小さな教団の場合、いろいろと質問したり、なかに入らせてもらったり、体験したりして、それについての論文をまとめたり、本を書いたりはしているのです。

それは、教えが、ある程度シンプルで、行動がだいたい読める範囲《はんい》であれば、できるわけです。

ところが、幸福の科学の場合は、私の「大悟《たいご》」（一九八一年）から数えれば、もう三十四年目ぐらいに入っていますが、三十年近い教団の歴史のなかでも、経典《きょうてん》としての教えの量は、そうとう膨大《ぼうだい》なものになっているし、一般《いっぱん》に公開されていないものも、そうとうの量がありますので、なかなか分かりにくいところはあるでしょう。

例えば、仏教では、「仏陀《ぶっだ》の教えは、『八万四千の法門《ほうもん》があった』と言われるぐらい大量にあったために、『大蔵経《だいぞうきょう》』といわれる、たくさんのお経があるのだ」と言われてはいますが、それを地《じ》で行くように、私は、「現在進行形で、たくさんの教えを説いており、しかも、それを自分の活動中にまとめつつ、進んでいる」というのが現状かと思うのです。

そのなかには、一見、正反対のように見える意見（霊言）が出る場合もあれば、すでにある宗教として見れば、対立関係にあるような宗教の教祖の教えが出ているものもあります。

ただ、幸福の科学では、それらを単に対立したままで提示しているわけではありません。そうしたものは、やはり、「神の教え」あるいは「仏の教え」として出ているものであり、それゆえに、普通の人間から見れば、人々を教え導くだけの一定の高みのあるものではあるのですが、それらを提示し紹介《しょうかい》しつつ、「どのようにそれを考えたらよいのか」、あるいは「融和《ゆうわ》していけばよいのか」、あるいは「もう一段高い観点から、どうまとめるべきか」ということが、中心的に行われているわけです。

それは、「一つの宗教の活動としては、規模的に見て、ある意味では大きすぎる規模での活動をやっている」と言えると思います。

そのようなわけで、「いわゆる宗教学の分析方法によって、幸福の科学が分析し切れるかどうか」ということについては、疑問がないわけではありません。「名のある宗教学者たちも、幸福の科学については分析しかねている」ということは言えるでしょう。

4 「比較《ひかく》宗教学」的に幸福の科学を分析《ぶんせき》できるか

幸福の科学の研究は「他の新宗教」と同様にはできない

はっきり言えば、学術論文として、幸福の科学について書いた場合、実はそうした論文には、漏《も》れるものが必ずあるわけです。やはり、入り切らなかったり、「勉強不足だ」と指摘《してき》される部分が必ず出てくるので、書けないのが現状です。

初期のころには、少し分析《ぶんせき》しようとしていた動きも、新宗教学者のなかにはあったのですが、途中《とちゅう》からは、「ほぼギブアップ状態になった」というのが事実だと思います。どんどん、どんどん広がっていって、分からない領域に踏《ふ》み込《こ》んでいく宗教であったために、その輪郭《りんかく》がつかめなかったのではないでしょうか。

ただ、「輪郭が、宗教学者の学力の範囲《はんい》内で理解できないから、その宗教に学問性がない」ということにはならないと思います。もう一段、大きな視点というか、視野を持った人、あるいは、教養を持った人であれば、それを分析できる可能性はあるわけです。

宗教学者のほうは、新宗教の場合、「最初は、医者が患者《かんじゃ》を診《み》るように、どちらかといえば、上から目線で、その宗教の診断《しんだん》を下《くだ》す」というかたちで論文をまとめているケースがほとんどです。

たいてい、新宗教を起こす人の場合、小学校中退、あるいは、高校中退あたりの人が多く、大卒の教祖は極《きわ》めて少ないのが特徴《とくちょう》です。

もちろん、三代目ぐらいになると、経済的にも裕福《ゆうふく》になって、有名大学を出ているような人もいますが、開祖の段階では、そこまで行っていないために、「教えの内容が非常に幼稚《ようち》である場合や、稚拙《ちせつ》な言葉で綴《つづ》られているような場合もあり、行動様式においても、社会規範を十分に理解していないかたちでの行動が非常に多い」ということは言えます。

その意味で、宗教学者が、医者の立場に立って診断を下すように、処方箋《しょほうせん》風に論文をまとめることは可能なことが多いし、「実際に、なかに入って、少し、共同生活や、いろいろなセミナー、研修等に参加する」という体験によって、だいたい全容がつかめるというケースは多いのです。

しかし、幸福の科学の場合は、「いったいどこまでやっているかが分からない」と、一般《いっぱん》には言われています。

したがって、「小さなものをまとめた研究は、印刷して出すと、たちまち破られるケースが多々あって、非常に苦しい」というのが研究の実情ではないかと思います。

困難になってきた、「幸福の科学」の「比較分析《ひかくぶんせき》」

宗教学者の立場としてものを言う場合は、宗教を信じている者、信者から見ると不満に思ったり、宗教家のほうから見るとクレームがつきやすいところではあるのですが、「いわゆる信仰《しんこう》の立場に立たずに、客観的に記述しよう」という傾向《けいこう》を、一般に持っています。

「それが、学問として多くの人に比較分析《ひかくぶんせき》してもらうために必要だ」という観点から、そのような傾向があります。客観的に分析しようとするわけです。

その意味で、「主観性を排《はい》そう」とするし、「主観性」と言うと、宗教家や宗教の信者のほうは怒《おこ》ることが多いのですが、「その宗教の内部だけで持っている信仰のなかに入り込んで、それを丸ごと受け入れるようなかたちで記述をするというスタイルは、宗教学者的な態度ではない」と、一般的には考えられています。

もっと分かりやすく言うと、チョウチョの標本を採取して、ピンで留《と》めているようなかたちです。

「いろいろなチョウチョがいます。これは、とても珍《めずら》しいオオムラサキです」

「これは、どこにでもいるアゲハチョウです」「これは、モンシロチョウです」というように、いろいろなチョウチョがいて、それをピンで留めているようなかたちなのです。

「自分は、このチョウチョが好きです」ということはあるかもしれないものの、「これは、珍しい色をしたチョウチョで、形もいいし、好きです」と言うことは、彼らにとっては〝信仰〟のなかに入る立場であって、そうではなく、「標本として集めたいろいろな宗教のかたちをピンで留めて、違《ちが》いを分析したりするのが、学者としての立場だ」という考えであろうと思うのです。

そのように、客観性を担保《たんぽ》する意味で、一般的には、「比較宗教学」的立場を取るのが普通《ふつう》です。ほかの宗教とも比較しながら、宗教の特徴を出していくことが多いのです。

したがって、「幸福の科学を語るにしても、ほかの宗教との比較においてだいたい語っていくことで、客観性が、ある程度担保される」というように見るわけです。

そのようなわけで、幸福の科学の本がまだ少なくて、活動時間がまだ短い段階においては、ほぼ同時期なり、あるいは、少し前に発生した新宗教などとの比較において、その文脈で分析されることはあったかと思います。

「現在進行形の宗教」を分析《ぶんせき》することの難しさ

ただ、だんだん時間がたつにつれて、そういうことは困難になってきていると言えるでしょう。

例えば、当会のごくごく初期のころになされた新宗教学者の分析《ぶんせき》のなかには、GLAという宗教を興《おこ》して、一九七六年に亡《な》くなった高橋信次《たかはししんじ》との類似《るいじ》性のようなことを書いたものも出ていました。私は直系の弟子《でし》ではありませんから、「宗教の流れ」の図として、GLAと幸福の科学が点線で結ばれるというようなことも最初はありましたが、時間がたつと、幸福の科学の独自性が強くなってきたこともあり、その点線も消えてしまいました。

また、その学者は、「生長《せいちょう》の家《いえ》の教えも入っているらしい」ということで、「幸福の科学は、GLAの教えに、生長の家の教えを足したような宗教だ」というように理解していたようですが、だんだん、この枠《わく》からもはみ出していくというかたちで、比較しているうちに比較の対象のバランスが変わってくると、何も言えなくなってきたわけです。

その学者に限らず、最初、幸福の科学は、高橋信次のＧＬＡを引き継《つ》いだかのように言われていました。

高橋信次の本自体は、生前には十数冊しか出ていませんし、その後、長女が跡《あと》を継がれて、初代とは全然違う教えを説いておられます。初代のほうには仏教的なイメージも少しあったのですが、二代目の方は、キリスト教や哲学《てつがく》的なイメージの強い教えをずっと説いておられて、初代と二代目ではだいぶ違うため、「幸福の科学が、高橋信次の教えを引き継いだようなかたちで説き始めたのかな」と考えられていたのです。

幸福の科学の初期には『高橋信次霊言集《れいげんしゅう》』のようなものも出したので、そのように分析した学者もいたのですが、やがて、その『高橋信次霊言集』などもすべて絶版にしてしまうことで、幸福の科学のほうからはっきりと断絶《だんぜつ》を申し渡《わた》したりしたこともあって、そのあと、それを分析された人も少し困ってしまったようなところがありました。そして、そのように分析して書いたものは、あとには使えなくなっていきました。

また、初期のころに分析されたもののなかには、例えば、「幸福の科学では、病気治しは一切《いっさい》行わない」というようなことを論文に書いていた方もいたのですが、「それを書いた直後に、病気が治るような現象が起き始めて、論文で書いたことが外《はず》れていく」ということがありました。

このようなところが、「現在進行形の宗教」の難しいところであり、分析の学問的な限界ではあるでしょう。

そういうことがあるので、なかなか大変なところがあるのだろうということは感じられます。

多くの宗教学者が用いている、マックス・ミュラーが始めた「比較《ひかく》宗教学」的な分析《ぶんせき》方法

このような「比較《ひかく》宗教学的な見方」というのは、主として、宗教学者のなかでは●マックス・ミュラーという方が始めた見方に近く、この人の宗教学は、どちらかといえば、「比較宗教学的立場からいろいろな宗教を分類していこう」という見方をするわけです。

おそらく、ほとんどの宗教学者が、このあたりの影響《えいきょう》を受けているはずです。

ですから、宗教的分析をしていく場合は、そのような比較宗教学的なかたちで、「ほかのものと比較しながら絞《しぼ》り込んでいき、いろいろな仏教やキリスト

●フリードリヒ・マックス・ミュラー（1823～1900）イギリス（ドイツ生まれ）の東洋学者、言語学者、比較宗教学者。印欧比較言語学の研究に貢献したほか、比較宗教学、比較神話学の科学的方法論を確立した。

教、あるいは、ほかの宗教との比較のなかで浮《う》き彫《ぼ》りにしていく」というスタイルを取るかたちが多いのです。

5 「宗教現象学」的に新宗教を分析《ぶんせき》する

新しい宗教には「霊《れい》現象」を伴《ともな》う場合が多い

もう一つ、宗教学的に見る場合には、「宗教現象学として分析《ぶんせき》する」というかたちがあります。

やはり、宗教には、いろいろな現象がつきまとうことがあるのです。

ただ、なかには、古いお経《きょう》を所依《しょえ》の経典《きょうてん》として、「ただそれを信じなさい」というかたちで広げていく場合もあります。古い仏教の経典などを解読し、解説して広げていったり、キリスト教でも、『聖書《せいしょ》』そのものを、毎週、教会で一節ずつ読んでいくようなかたちで広げていったりしているところがあるわけです。

そのように、「単に学校で教えるかのように、すでにある経典を教えていく」という〝学校スタイル〟のものもけっこうありますし、それはそれで、一つの形態だと思います。

しかし、新しい宗教の場合には、教祖の何らかの霊能力《れいのうりょく》や神秘現象、あるいは、霊現象を伴《ともな》うケースがほとんどだと言ってもよいでしょう。

ですから、「教義的な比較《ひかく》の上での比較宗教学」と、もう一つの分析方法としては、「どのようなかたちでの霊現象が起きるのかを分析する」という意味での「宗教現象学」があるわけです。

「自動書記的な霊的《れいてき》現象」があった生長《せいちょう》の家《いえ》

「宗教現象学としての目」で見て、「そこでは、いったいどんな現象が起きるのか」ということですが、新宗教では、特にいろいろなかたちがあります。

例えば、「手かざし型宗教」で、手かざしをして、お互《たが》いに浄霊《じょうれい》し合うような宗教もあれば、「霊言《れいげん》型宗教」のように、「霊言を降ろす」という宗教もありますし、それから、「自動書記」で教えを書くような宗教もあります。

ですから、宗教現象学的に言えば、先ほど述べた生長《せいちょう》の家《いえ》でも、教祖には霊能力全般《ぜんぱん》はなかったのですが、何か書くときには、多少、自動書記的な現象がときどきあったと言われています。

『生命《せいめい》の實相《じっそう》』の頭注版《とうちゅうばん》全四十巻、あるいは合本《がっぽん》された愛蔵版全二十巻のなかの扉《とびら》の一ページ程度には、神の言葉を受け取り、自動書記的に書いたものがありますが、分量としては非常に少ないものです。

また、あとの部分についても、「書いたものには、多少、霊的バイブレーションが加わっているのではないか。話したもののなかに入っているのではないか」と推測されるところがあり、そのあたりが、読む人等に少し影響《えいきょう》した面はあったかと思うのです。

「霊道《れいどう》現象」を主に行っていた高橋信次《たかはししんじ》

先ほども述べた高橋信次《たかはししんじ》は、「霊道《れいどう》現象」というものを主として行っていたわけですが、これを、実際に「心の窓《まど》を開く」というかたちで行っていました。

普通《ふつう》の人間であれば、死後の世界とは通信ができない状態になっているのですが、「『心の窓』を開くことで、守護霊《しゅごれい》が自分のなかに入ったり、あるいは、指導霊《しどうれい》型の者が来たりして、その霊の言葉を語ることができるようになる」ということで、周りのお弟子《でし》さん等のなかには、そういうことができるようになった人が何人かいて、これを「現象《げんしょう》」と呼んでいたようです。「現象」として、過去世《かこぜ》の言葉を話させたり、「私は、○○様の時代に生まれて、こういうことをしました」というようなことを語らせたりと、いろいろとさせていました。

高橋信次の場合、一般的には、自分なりの「心の教え」のようなもの、だいたいは仏陀《ぶっだ》の教えですが、そういったものを説いたあと、「現象をやってみましょう」ということで、「心の窓」が開いた人が、例えば、「昔、私はポンペイの火山の爆発《ばくはつ》のときに埋《う》もれて、大変な目に遭《あ》いました。そのときは、もう大変で、溶岩流《ようがんりゅう》が流れてきて埋まりました」というようなことを言い始めるところを〝お客〟に見せていました。

このようなかたちで「霊的実証」をする場合と、あとは、「悪霊《あくれい》に憑《つ》かれているような人の、悪霊の部分に語らせる」ということをしていました。

ただ、この霊現象そのものは、基本的には、世界救世教《せかいきゅうせいきょう》系の教え、あるいは、真光《まひかり》系の教え等にもあるかたちではあるので、彼自身は、「そうした霊術《れいじゅつ》系の教団で、ある程度の研修修行《しゅぎょう》等を受けていたのではないか」と評されています。もちろん、宗教を開いてからは、そういうことは言いたがらないので、黙《だま》ってはいたわけです。

ですから、GLAという教団は、「霊術系の宗教の研修等で、ある種の霊現象を覚えてきたのではないか」ということと、「高橋巖《いわお》という人の神智学《しんち》や人智学《じんち》が入っていたのではないか」ということが考えられます。ルドルフ・シュタイナーなどの研究をしているような、神秘学系の研究会等にも属していたようですので、一部には、そちらの神智学的な知識も入っていたと思われるところがあるのです。

初期の幸福の科学が、そういう影響を少し受けていたことは事実かと思われますが、だんだん、そうしたものから離脱《りだつ》していっていると思われます。

また、「生長の家」型でも、発展・繁栄《はんえい》の思想はあるのですが、「もっともっと精緻《せいち》な、学問的な展開をしている」と言うことができると思います。

6　幸福の科学の基本思想
──「基本三部作」と「法シリーズ」

『太陽の法』の特徴《とくちょう》①──「悟《さと》りの大枠《おおわく》」を示している

初期の幸福の科学の教義を整理するに当たっては、「霊言集《れいげんしゅう》だけでは、もはや幸福の科学の教えが何であるか分からない」と言われることもあったため、『太陽の法』『黄金の法』『永遠の法』（初版は一九八七年刊。いずれも改版後は幸福の科学出版刊）という基本三部作を出して、だいたいの教えの輪郭《りんかく》を示しました。これらが約三十年たっても、いまだに基本的な経典《きょうてん》になっていると言ってよいでしょう。

『太陽の法』によって、だいたいの悟《さと》りの大枠《おおわく》を示しているわけです。『太陽の法』には、「仏教的な考え方」と「キリスト教的な考え方」の両方の思想の核《かく》の部分が入っています。同時に、先ほど述べた神智学《しんち》や人智学《じんち》的なものも入っています。神智学や人智学では、アトランティス、ムー等にも触《ふ》れているものがありますが、そうした部分も一部入っていますし、「教祖伝《きょうそでん》」に当たる部分も入っています。

要するに、『太陽の法』では、悟りの大枠を示しているわけです。

『太陽の法』の特徴《とくちょう》②──「次元構造」が整然と説かれている

さらに、『太陽の法』には、幸福の科学の特徴《とくちょう》的なものの一つが説かれています。つまり、「地上を三次元世界と見た場合、四次元、五次元、六次元、七次元、八次元、九次元までである。人霊《じんれい》は、九次元界ぐらいまで存在する」ということが整然と書いてあるのです。

そして、四次元世界には、広義の「幽界《ゆうかい》」として、天上界《てんじょうかい》に当たる「精霊《せいれい》界」の部分と、「地獄《じごく》界」の部分があるわけです。地上界に非常に近く、重なっている世界が四次元世界であり、その地下部分といわれている暗黒の世界が地獄界です。地獄界にもいろいろな種類があります。しかし、四次元のなかには、一方で精霊界という、「あの世に還《かえ》って、いちおう天国入りをした」と言える人がいる部分もあるわけです。

この上に、もう少し精神的に生きている人たちがいる五次元の「善人界《ぜんにんかい》」があり、学者たちが生きている六次元「光明界《こうみょうかい》」があり、七次元の「菩薩界《ぼさつかい》」があり、八次元の「如来界《にょらいかい》」があり、九次元の「救世主の世界」があります。この救世主の世界には、地上の人間の姿とは違《ちが》いますが、特色のある十体の高級神霊が存在します。そういうことが書いてあります。

『太陽の法』の特徴《とくちょう》③——「天地創造」と「過去の文明」を明かす

それから、次元論と同時に、「過去の文明は、どのようなものであったのか」

ということもマクロ的に書いてあります。この過去の文明の流れは、先ほど述べた神智学や人智学をさらに超《こ》えていますし、少なくとも何億年か前に筆を起こし、百万年ぐらいの文明の盛衰《せいすい》について語っているわけです。

これは、「霊能系かつ啓示《けいじ》型宗教」の特徴《とくちょう》の一つだと思います。『旧約聖書《きゅうやくせいしょ》』の「創世記」のなかにも「天地創造」について書かれているように、天地創造の部分がないと、なかなか「世界宗教性」を持つことができません。「誰《だれ》かが説いた教えの一部を取って広げていく」というかたちであれば、狭義の意味では、いわゆる「経典型宗教」になっていくわけです。

例えば、「仏陀《ぶっだ》の説いた教えのなかで、『法華経《ほけきょう》』だけが正しい」とか、「浄《じょう》土三部経《どさんぶきょう》が教えの中心だ」とか言って、日蓮宗《にちれんしゅう》や念仏宗《ねんぶつしゅう》を開くことがあります。所依《しょえ》の経典に基《もと》づいて一つの宗派をつくる場合もあるわけです。

ただ、「オリジナルの人類の始まり」から説き起こすもののなかには、世界宗教性を目指しているものが多いでしょう。もちろん、それを語っていても、そこまで行っていないものもあります。

例えば、天理教《てんりきょう》にも、天地創造に近いような話があります。「今から九億年以上も前に天地ができた」というような話も出てはいるのです。〝気持ち〟としては天地創造について説いてみたかったのでしょうが、その他の教えが、世界宗教性にまで行くような普遍《ふへん》性がなかったのではないかと感じます。

『太陽の法』が幸福の科学のスタート点

『太陽の法』では、「仏法真理《ぶっぽうしんり》」と言っていますが、こうした真理の流れを歴史的、時間論的に書いています。空間論的には、電磁石によって砂鉄が波のかたちに集まるように、「地球の周りに次元構造ができている」ということが書いてあるわけです。

さらに、「愛の発展段階説」や「仏教的な悟り」など、「どのように、次元別に対応する悟りが存在するのか」ということが詳《くわ》しく書いてあります。

また、「教祖伝」としての面もあります。教祖がどのような生き方をして大悟《たいご》に至ったのか。その過程が述べられているわけです。

『太陽の法』がスタート点です。その後、数多くの経典が出されることによっ

『太陽の法』(幸福の科学出版)

て、十分に包摂《ほうせつ》し切れない部分は出てきてはいると思いますが、基本的な悟りの枠組みは示していると思います。

「光の天使」「光の指導霊《しどうれい》」の歴史を辿《たど》った『黄金の法』

次の『黄金の法』のなかでは、「霊界《れいかい》の法則」や「神秘的な法則」を語ったり、西洋に現れた光の天使たちの歴史や、東洋に生まれた光の指導霊《しどうれい》たちの歴史を辿《たど》ったりしています。あるいは、預言者の歴史を辿ったりしています。

『黄金の法』(幸福の科学出版)

さらには、「未来はこのようになるのではないか」という、黙示録《もくしろく》風な未来の予言記《よげんき》のようなものも載《の》せています。そのように、歴史論として『黄金の法』が書かれたわけです。

すべての宗教を次元構造のなかに吸収した『永遠の法』

三番目には『永遠の法』が書かれています。同書は、いわゆる四次元の世界、五次元の世界、六次元の世界、七次元の世界、八次元の世界、九次元の世界、それ以上の世界について書かれているため、非常に霊的な部分があると思います。

宗教の世界において、ここまで整然と書き切ったものは前例がないので、

「それを信じるかどうか」という問題になろうと思います。要するに、「すべての宗教を次元構造のなかに吸収し尽《つ》くした」ということです。

『黄金の法』という歴史論のなかでは、地球上で神を名乗った存在、あるいは、神のそば近くにあった高級諸霊の現れ方について、特徴的なものを捉《とら》えて記述しました。もちろん、数十年に及《およ》ぶ幸福の科学の活動の間で、同書に漏《も》れている人もたくさん出てきてはいますし、それは、別途《べっと》、補《おぎな》わなければなりませんが、この世に現れたさまざまな宗教の代表的な方々や、現在知られている人を分類したわけです。

そして、『永遠の法』では、さらに次元

『永遠の法』(幸福の科学出版)

構造的な観点から、地球をとりまく高次元世界の生活や、どのような人がいるかを分類しました。

これと似たものとしては、十四世紀ごろのキリスト教圏《けん》で書かれたダンテの『神曲《しんきょく》』があります。それは天国や地獄の階層を分けて書いていますが、必ずしも正確とは思えないものがあるでしょう。「試み」としては、そういうものもあるでしょうが、ダンテが宗教家であったとは必ずしも言い切れない面があるので、その内容が正しいかどうかは何とも言えません。

未来の物理学の方途《ほうと》をも示している「幸福の科学の次元構造」

ちなみに、現代の物理学では、「大川隆法が『永遠の法』や『太陽の法』で書いているような九次元、十次元までの世界は次元構造として存在する」ということは分かっています。「三次元世界から四次元、五次元、六次元、七次元、八次元、九次元、十次元、あるいはそれ以降の世界まであるだろう」と言われていますし、理論的にあることは分かっていますが、「それは、どういう世界か」については、次元間移行《じげんかんいこう》をしないかぎり分かりません。

それについては、今の科学文明では追いついていないわけです。

したがって、幸福の科学は宗教ではありますが、未来の物理学が目指すべき方途《ほうと》を示している部分もあるでしょう。

そういう意味で、「幸福の科学には、理系の技術者や理系の学者、医者等も数多く集まっている。宗教の文献《ぶんけん》にしては、極《きわ》めて理論的な書き方をしているため、理系の方にとっても非常に理解がしやすい」ということが言えると思います。

教義の全体像が分かる「法シリーズ」

そのようなこともあって、大きくは「霊言集と理論書」という二本のシリーズを立てて走ってきたのではないかと思われます。

『太陽の法』『黄金の法』『永遠の法』以下の「法シリーズ」は、毎年、一冊ないし二冊は出版されて、その年の基本的な幸福の科学の活動方針を示しながら、大事な考え方が出されているわけです。

例えば、今年、二〇一四年であれば、『忍耐《にんたい》の法』（幸福の科学出版刊）が出され、「今年一年、『忍耐』という言葉が大事だ」と言っています。これは仏教の教えでいえば、仏陀の「忍耐」「忍辱《にんにく》」の思想でしょう。「耐《た》え忍《しの》び」についいては、仏教ではよく説かれていますが、この部分に少し焦点《しょうてん》を当てつつ、いろいろな考え方をまとめて説いたわけです。

来年二〇一五年は、『智慧《ちえ》の法』が説かれる予定になっているため、「智慧」を中心とした内容になるでしょう。これも仏教にとって非常に大事な部分です。『勇気の法』(二〇〇九年、幸福の科学出版刊)を出して、「行動が大事である」ということを説いたときもあります。

そのように、「幸福の科学の活動方針と法シリーズが一体化しながら、毎年毎年、積み重なっている」というかたちになっています。各論的にいえば、『太陽の法』『黄金の法』『永遠の法』という三部作では包摂し切れない部分であっても、毎年、出版される新しい法シリーズによって教えが積み重なっているわけです。

「理論的に幸福の科学の教えとは、どのようなものか」ということを知りたければ、現在、出版されている二十冊の法シリーズを全部読み終えれば、教義の特徴は出ています。ごく簡単に言えば初期の三部作に出ていますが、それ以外についての部分は、その後の法シリーズを追っていけば、宗教としての教義の基本は分かるのです。

少なくとも、その二十冊を読めば、だいたい教義の全体像は分かるかたちになっています。経典学としても、宗教としての基本的な射程が分かるでしょう。

7　宗教間の対立を無効化する力を持つ「霊言集《れいげんしゅう》」

大川隆法の思想と必ずしも一致《いっち》しないのが「霊言《れいげん》」の特徴《とくちょう》

法シリーズは「霊言《れいげん》」というかたちでは出していません。大川隆法の名で出してあるため、本人がいちおう承諾《しょうだく》した考えであるわけです。一方、霊言では、「それぞれの霊言の特色や霊人《れいじん》の個性を示す」ということを霊界《れいかい》の証明を兼《か》ねて行《おこな》っているため、たとえ教祖である大川隆法本人がそういう考えでなかったとしても、そういう教えが出てくることがあるわけです。

理論書から見れば、本人の基本的な思想として、「自助努力の教え」を非常に重要視していますが、「霊言集」というかたちで出てきた場合であれば、そうならないこともあります。

例えば、「老荘思想《ろうそう》」を説いている老子《ろうし》や荘子《そうし》の霊言を出した場合、「老子や荘子が自助努力の教えを一生懸命《いっしょうけんめい》に説く」というようなことは、まずありえないわけです。やはり、彼らの「自由の哲学《てつがく》」を基本的に述べていきますし、幸福の科学のなかにいる人は、ある程度、それを理解した上で学んでいます。

ある意味で、「基本的な教義とは違《ちが》った高級霊の考え方もある」ということを紹介《しょうかい》することによって、同時に宗教間の対立の部分を無効化《むこうか》し、融合《ゆうごう》しようとする試みが行われているわけです。

それから、キリスト教とイスラム教は、不倶戴天《ふぐたいてん》の敵のように千数百年間も戦い続けてきているわけですが、幸福の科学の教えを読めば、「イスラム教の教えはどういうものか」ということはしっかりと書かれているし、キリスト教の教えや仏教の教えについても書かれています。「それぞれ神の送られた代理人なり、預言者なり、救世主や仏陀《ぶっだ》が、ある種の人間としての個性や特色を持った教えを説かれたのだ」ということが明確に書かれているのです。

つまり、この宗教間《しゅうきょうかん》の対立の意味が分かっているので、幸福の科学の運動自体は宗教間の対立を超《こ》えています。「オリジナル・ゴッドが、この地上にいろいろな教えを次々と説くために、いろいろな人を送り込《こ》んできて啓蒙《けいもう》し続けてきたのだ。そういう流れがずっとあったのだ」ということです。

そして、それぞれ地上で対立して、「どちらが善か、悪か」「正か、邪《じゃ》か」と割れているような意見もあるけれども、「その人が死後、この地上を去って霊界に還《かえ》ったあと、どのような世界に還っているか」ということで、それぞれの「教えの高下《こうげ》」を分類しています。

つまり、みんな「正しさ」を含《ふく》んでいる教えではあるけれども、そのレベルに「こちらのほうが、やや上である」などという判定を出して分類しているわけです。

オールマイティーになりにくい「一神教」

もちろん、こういう分類の仕方はとても嫌《いや》がる方も多いのです。シンプルに、「もう教えは一つだけにしてほしい」「ほかのことは全部否定して、一つだけにしてくれ」という考えは非常に分かりやすくて、信仰《しんこう》に〝都合《つごう》がいい〟教えですけれども、これはオールマイティー（万能）でないことは事実でしょう。

実際上、キリスト教が一神教的に教えを展開したとしても、二千年以上前の、キリスト教以前の人類の歴史について説明することができないわけです。イエス以前について説明できないということはしかたがないし、説明ができないために『旧約聖書《きゅうやくせいしょ》』の教えを捨てないで、いちおう持っているわけです。

したがって、『新約《しんやく》聖書』を中心に学んでいるけれども、『旧約聖書』も合体して読んでいます。ユダヤ教のほうは『新約聖書』を認めないのですが、キリスト教のほうはユダヤ教の教えも入れないと、イエス以前の部分の教えがだいぶ欠けてくるからです。

一方、古代のユダヤ教になると、本当はユダヤ教を超えて、さらにその前にあったメソポタミア地方のイランやイラク辺《あた》りを中心とした古代の宗教の片鱗《へんりん》がいろいろと出ています。

つまり、「ユダヤの歴史」というふうに言っているようでありながら、それ以前のいろいろな宗教がたくさんありましたので、その影響《えいきょう》を多く受けているわけです。そのへんまで偲《しの》ぶことができるということです。

そういうことで、既存《きそん》の宗教では全部それを入れてしまうことはなかなか難しかったということが言えると思います。

基本教義である「法シリーズ」と、応用・各論編の「霊言集《れいげんしゅう》」

ただ、そうした「法シリーズ」で大川隆法公認型の基本的な思想を固めているので、これを見れば「基本教義の教学は何であるか」ということが分かるようにはなっているのです。

一方、これ以外にも、神の教えのバリエーションというのはまだまだたくさんあるわけなので、それを証明するために応用編や各論編として「霊言集《れいげんしゅう》」というかたちで多数出しているわけです（その他、一般的な専門分野別の本もある）。

例えば、最新の霊言集としては、マイケル・ジャクソンの霊言が『マイケル・イズ・ヒア！』（幸福の科学出版刊）という題名で出ています。大川隆法著というかたちにはなっていますけれども、明らかに内容的にはマイケル・ジャクソンが語った話の内容になっていますので、これを「大川隆法の思想」と捉《とら》えるのは、かなり困難ではあります。

つまり、霊能者として、「数年前に亡《な》くなって霊界に還っているマイケル・ジャクソンという有名な『ポップの王者』が、あの世でどうなっているか」ということを、彼のファンたちが気にしていると思うので、「今、こういうふうになっています」「彼を今、地上に呼ぶとしたら、こういうことを言います」というかたちで伝えています。

ある意味で、マイケル・ジャクソンのファンのなかで死後のマイケルはどうなっているか心配している方や、あるいは、その音楽の世界が、あの世でいったいどういうふうに評価されているのか関心を持っている人たちに、関心領域を通じて真理に近づいていただこうとする表れです。

それ以外には、例えば、野球選手のイチローの守護霊《しゅごれい》霊言（『天才打者イチロー４０００本ヒットの秘密』〔幸福の科学出版刊〕参照）も出しています。

亡くなられた方と、生きている方の守護霊というのを出すこともあるわけです。このかたちでいきますと、ほかにもジャーナリストや現代の思想家、評論家、あるいは、政治家の守護霊も出ています。生きている人であれば「守護霊」、亡くなられている場合は亡くなられた「本人の霊」というかたちで出ているのです。

こういうかたちで、応用型と各論型として、私の基本的な思想というわけではないのですが、他の思想を紹介しています。

この世とあの世のかかわり合いを描く「霊言集《れいげんしゅう》」

要するに、実相の世界といわれる「真理の世界」を明確にしていくために、「こういう考え方の人が霊《れい》となって生きています」「このように存在しています」「かつて地上で生きていましたが、今も生きていて、こういう人が指導しています」ということを明らかにすることで、「転生輪廻《てんしょうりんね》を含めた、この世とあの世のかかわり合い」を見事に描き出しているというふうに言えると思うのです。

これは、キリスト教において十分に説かれていません。この世に人間として生まれる以前の世界については十分に説かれておらず、キリスト教では分からないのです。

一方、イスラム教も、「あの世があるらしい」ということぐらいは分かるけれども、どうもはっきりと分かるわけではなくて、「そういう教えを多く学んで、ムハンマドの言行録《げんこうろく》に則《のっと》った生き方をして戒律《かいりつ》を守っていれば、死んだあとはアッラーの楽園のほうに行けて、いい生活が待っているよ」というふうな感じ方であると思います。

8　キリスト教や仏教の「限界」を考察する

「贖罪《しょくざい》思想」によって「受難《じゅなん》」を「幸福論」に変えたキリスト教

キリスト教のほうも、「幸福論」はなかなか説きにくい状況《じょうきょう》にはあるようです。イエス自身の言葉として少し言われているものもありましたけれども、実際のキリスト教の伝道は「受難《じゅなん》の歴史」であったので、この受難を「幸福の種子」に変えるために、後世の弟子《でし》たちがそうとう努力したということです（『キリストの幸福論』〔幸福の科学出版刊〕参照）。

つまり、「受難」を「幸福論」に変えていくために、「実は、イエスが人類の罪を被《かぶ》って、それを贖《あがな》ってくださったのですよ。要するに、〝借金〟を全部払《はら》ってくださったのです。イエスが十字架《じゅうじか》に架かって、それまでの人類の罪、過去の人類の罪を、ある意味では、未来の人類の罪も全部払ってくださったのです」というような「贖罪《しょくざい》の思想」です。

ありがたいありがたい〝お助けの思想〟が説かれているわけですが、このなかには、伝道としての方便の部分と、一部、真理と、その両方が含《ふく》まれていると言うべきでしょう。

『旧約聖書《きゅうやくせいしょ》』では、神様がアダムを創り、アダムからイブを創って、アダムとイブを楽園に住まわせました。ただ、神様に「『知恵《ちえ》の木《き》の実《み》』だけは食べてはいけない」と言われていたのに、蛇《へび》の誘惑《ゆうわく》で食べてしまったわけです。

「神様は蛇を創った」と書かれていないのに、蛇は存在しているのですが、蛇は人間の言葉を話すらしく、イブを唆《そそのか》しました。イブが食べてみておいしかったから、アダムに「あなたも食べなさい」と言って、アダムを唆して「知恵の木の実」を食べさせたのです。そうしたら、「善悪が分かるようになってしまって、いちじくの葉っぱで恥《は》ずかしいところを隠《かく》すようになり、そして、楽園を追い出された」ということであったわけです。ただ、それを見れば、実に不思議な感じではあります。

そういう「原罪」が人類にあって、その後、アダムの子孫である男は、労働して、額《ひたい》に汗《あせ》して働かなければパンも食せず、家族を養うことができなくなって、重労働を背負わなければいけなくなりました。一方、イブの子孫である女たちは、妊娠《にんしん》による陣痛《じんつう》や出産の苦しみを負わなければいけなくなりました。

こういう「原罪」が人類に与《あた》えられ、それは「神との約束を破ったからだ」と言われています。

「神との約束」は、神の一方的な押《お》しつけではあるのですが、「楽園のこれは採って食べてもいいけれども、あれだけは食べてはいけない」と言われたら、それでも、食べたくなるのは人情です。そういう意味では〝仕掛《しか》け〟があったようにも見えなくはないのです。「あれだけは食べてはいけない」と言ったら、蛇が来て、「食べたら神様みたいになるから、『食べてはいけない』と言っているんだよ。食べたほうが得だよ」というようにイブを唆して、「食べてしまった」ということになっているのです。

したがって、この宗教の出発点において、やや暗いものがないわけではないと思います。

イエスの「贖罪《しょくざい》」によって人類の「原罪」は消えたのか？

ただ、そうした「原罪」のある人類であっても、「イエスが十字架に架かって、アダム・イブ以来の人類の罪を、贖罪《しょくざい》で全部償《つぐな》ってくださった」というわけで、原罪が消えたはずです。

原罪が消えたわけだから、この地上の「苦しみ」はもうなくなっていなければいけないわけだけれども、キリスト教の歴史のなかで、苦しみは延々と続くし、戦いや死刑《しけい》も延々と続いているという状態で、まことに不思議なところがあるのです。

そこで、さらに次なる者を送らなくてはいけなくなり、今度は、天上界《てんじょうかい》からムハンマドを送り込《こ》んでイスラム教を起こします。ところが、イスラム教は広がっていったものの、広がるにつれて、キリスト教徒との激しいぶつかり合いが起きてきました。

十字軍も大規模なもので三回も起こって、これでいったい何人が死んだのかといえば、もう数えることができないぐらいの人々が死んだわけです。そういう意味では、「原罪」は減るどころか、さらに増えているように見えなくもありません。

なぜ、仏教は本拠地《ほんきょち》のインドで衰《おとろ》えていったのか

また、仏教の平和的な教えのほうが好まれる場合もありましたが、仏教の教

えにも「限界」があります。

例えば、釈迦《しゃか》の教えのなかには、とにかく、「この世には、いろいろな快楽があるけれども、その快楽に目を奪《うば》われてはいけない。快楽に目を奪われたら、この世に執着《しゅうちゃく》して、実在の世界、彼岸《ひがん》に渡《わた》ることができなくなる」という考え方があります。

「エデンの園《その》のような、この世が快楽に満ちたものだと思われるようなものを信じては駄目《だめ》なのだ。この世というものを、いろいろな果実がたくさんあって食べ放題であり、バナナもメロンもブドウも、よいものをたくさん食べられて、〝こりゃこりゃ〟で生きていけると思っているかもしれない。しかし、快楽の世界と思っているものは、実は、違《ちが》うのだ」というわけです。

そして、「この世は食べ物を食べなくては生きていけない世界であるし、異性の誘惑から逃《のが》れることができない世界でもある。また、異性の誘惑につかまったあとは、いろいろな義務を背負って、延々と働いたり、戦ったり、殺し合ったりしなくてはいけなくなることもある。あるいは、病気をしたり、子供を失ったり、離婚《りこん》の憂《う》き目に遭《あ》ったり、事故に遭ったり、死亡したりもする。さらには、川が氾濫《はんらん》して、作物が穫《と》れなくなったり、家が流されたりする。そういう不幸がたくさんあるのだ。

だから、この世をあまり愛しすぎてはいけない。それを『執着』と呼ぶのだ。やはり、この世への執着を最小限に減らしていくべきである。執着を減らすことにより、心は自由になるのだ。そして、自由な心によって、こちらの側、つまり此岸《しがん》から彼岸《ひがん》に跳《と》ぶのだ。跳ぶことによって、人間はこの世という苦しみの世界からおさらばできて、永遠の喜びの世界に還《かえ》ることができるのだ」というような教えを説いたのです。

ところが、「この世が快適なほうがうれしい」という人のほうが、人口的には多く、仏教の教えは次第《しだい》しだいに萎《しぼ》んでいきました。はっきり言えば、この世での御利益《ごりやく》を中心としたヒンドゥー教のほうが、インドでは主流になっていくわけです。

やはり、この世で御利益があるほうがよいのかもしれません。多産で子供に恵まれること、子供がたくさん産まれることは、一般《いっぱん》的には幸福なことでしょう。また、長寿《ちょうじゅ》であることも、食べ物がたくさんあることも幸福なことです。あるいは、国が発展することも、出世することも幸福なことだと思います。

そういう意味で、結局、「この世的に発展・繁栄《はんえい》することも悪いことではない」という思想には勝てず、少数になっていって、出家者《しゅっけしゃ》だけが禁欲しながら生き延びているような状況になりました。

そこへ、イスラム教がなだれ込んできて、インドの仏教寺院をすべて破壊《はかい》し、最後には、僧侶《そうりょ》を皆殺《みなごろ》しにしてしまった段階で、インドでの仏教が死に絶《た》えたわけです。

そのように、いったん、死に絶えたところを見れば、仏教が完璧《かんぺき》ではなかったことが分かるでしょう。

なお、北伝《ほくでん》の仏教としても、本拠《ほんきょ》と思われていたインドで仏教が滅《ほろ》び、ヒンドゥー教が中心になっていったところ、そのなかで、瑜伽行《ゆがぎょう》というヨガの流れを汲《く》む一派が禅宗《ぜんしゅう》に姿を変えて、中国のほうに渡って生き延びていくわけです。

要するに、「禅宗」といっても、実は、仏陀《ぶっだ》以前からあるヨガの坐禅瞑想法《ざぜんめいそうほう》です。ヒンドゥー教のなかへ流れて生き延びていたものが、仏教に姿を変えたかたちで、シルクロードを通って中国に入り、禅宗として流行《はや》って、日本にも移ってくるというような流れがあったのです。

また、経典《きょうてん》としては、一二〇三年にヴィクラマシーラ寺院という巨大《きょだい》なインドの寺院が滅びる前の段階でかなり漢訳され、中国に入っていました。

さらに、聖徳太子《しょうとくたいし》以前、五〇〇年代ぐらいから日本にも仏教は入り始めており、経典の蓄積《ちくせき》は日本でもされていたと思います。

「無神論」「唯物論《ゆいぶつろん》」が強くなってきた理由とは

いずれにせよ、いろいろな宗教がありますが、矛盾《むじゅん》を抱《かか》えていたり、思ったようにならなかったりするところがたくさんあります。

そういうことを客観的に叙述《じょじゅつ》して、世界でさまざまな宗教を信じている人、信じていない人に対し、「神様がいるのに、なぜ宗教同士が争って、殺し合ったりするのだ。だから宗教は信じられない。神様は信じられない」「唯一《ゆいいつ》の神、一神教と言っているのに、神様が一人であれば殺し合ったりするのはおかしいではないか」ということを言う人もいます。

そして、宗教をめぐる争いが続いているがゆえに、積極的に無神論になったり、唯物論《ゆいぶつろん》になったりするような人も出てきているわけです。

特に、一八〇〇年代の後半ぐらいから、無神論が強くなってきました。

例えば、マルクスやエンゲルスの思想を通じ、「科学的唯物論」、あるいは「科学的社会主義」のようなかたちで、「神を否定し、人間世界のなかで価値の再配分をすることによってユートピアを実現できる。だから、信仰《しんこう》など要《い》らない。経済の世界のなかだけでユートピアをつくろう」という動きも出てきています。

あるいは、ニーチェのように、「神としてのキリストは、あまりにも弱すぎる。この世の人間に捕まり、十字架に架かって、死刑にされてしまったような人が、人類すべてを救えるというのは、無茶苦茶《むちゃくちゃ》な教えだ。あまりに弱すぎる人を、全知全能に近いようなあり方にしている宗教には問題があるのだ」と言う人も出てきました。そういう意味で、「神は死んだ」として、逆に「超人《ちょうじん》思想」を説いたわけです。そして、イエス以前のイランのゾロアスター教、すなわち、ツァラツストラの教えを自分なりに表現しました。

ニーチェは、後《のち》に発狂《はっきょう》してはいますけれども、書いている文章そのものは非常に霊的《れいてき》で名文ではあります。『ツァラツストラはかく語りき』ということで、現にゾロアスターが語ったかのような力強い言葉を、彼がゾロアスターに成り代わって書いたわけです。

要するに、「イエスのような弱い神ではなくて、もっと強い超人的な神というものがあったのだ。そういう意味で、今までのキリスト教的な神は死んだのだ」という言い方が、ニーチェから出てきているのです。

また、その前のキルケゴールから、戦後のサルトル以降の歴史に、実存主義哲学《てつがく》の流れがありますが、やはり、これもキリスト教の〝弱さ〟と一致《いっち》しているものがあると思います。

やはり、キリスト教信仰を持っている者同士、国同士で戦い、数多くの人が死んでいったことに対して、神の〝無力さ〟を感じていたのでしょう。人間がこの世に生まれる偶然性《ぐうぜんせい》や、「どのように生きていったらよいかが分からない」

というある種の不安に対して、〝不安の哲学〟が説かれていくようになりました。

これが、十九世紀から二十世紀のことです。「個人として放り出された人間が、どのように生き延びていくか」という「不安のなかで生きていく哲学」が、いろいろなかたちで説かれているのが現状かと思います。

ある意味での「神なき〝宗教〟としての哲学」に置き換《か》えられていっているところはあるのではないでしょうか。

9　善悪の価値判断を回避《かいひ》する「現代の宗教学」

宗教学における価値判断を含《ふく》まない態度が招いた「オウム事件」

なお、学問的には宗教学的分析《ぶんせき》をする際、あまり形而上学《けいじじょうがく》に入りすぎてはいけないことになってはいるのです。カント以降、ヘーゲル等の観念論哲学《てつがく》がありますが、「頭のなかで考える観念論に入りすぎると宗教学としてはよくないので、そこまでは入らない」というような取り決めが、いちおうあるわけです。それは学問的な自己規制、自主規制でもあるとは思いますが、「宗教学者が、そこまで勉強するのは少しつらい」という面も一部あることはあるのでしょう。

ただ、実際にフィールドワークとしてリサーチをかけている、生活に密着している宗教の場合は、観念論や形而上学のような難しい精神的な作用のところに入りすぎると、宗教としては、やや分かりにくくなります。それで、そこまでは入らないところで抑《おさ》える傾向《けいこう》があるわけです。

どちらかというと、宗教学者の分析としては、倫理《りんり》や道徳に毛が生《は》えたレベルの精神論の程度ぐらいまで入ることはあるものの、なかなか善悪の問題までは、そう簡単には立ち入らず、それぞれを平板《へいばん》に置いて並べているのです。

例えば、寿司《すし》屋が寿司を握《にぎ》って、「どの寿司いきますか」という感じで、バーッと並べて出してくるようなものでしょう。値段に差がある場合もありますけれども、いちおう寿司は寿司であるわけです。今は、その感じに似て、「いろいろな宗教があるし、いろいろな教えがある」というようなかたちになっているのです。

要するに、「『イカが好きか』『タコが好きか』『マグロが好きか』『ハマチが好きか』と訊《き》かれても、人それぞれでしょう。だから、いろいろな宗教に所属したがるのも、人それぞれに理由があるのです」というような感じで見るのが〝学問的な態度〟なのです。そのように、基本的には、他の宗教に属している者を否定しないということで、あまり価値判断を含《ふく》めない面があるわけです。

ただ、こうした「価値判断を含めない」という弱点が表に出たのが、一九九五年にオウム真理教が起こした「オウム事件（地下鉄サリン事件）」です。それまで宗教についてはあまり価値判断をせず、善悪についても言わないという傾向が強かったのですが、オウム事件という大きな事件が起き、実際にサリンという毒ガスが地下鉄で撒《ま》かれ、死者が十三人出ましたし、負傷して入院するなどした人の数は数千人に上《のぼ》りました。さらに、小型ヘリコプターを飛ばして東京上空からサリンを撒き、何十万人も殺そうと計画していたらしいことまで分かったのです。

こうしたことについて、「宗教学が抑止力《よくしりょく》として働かなかったのは問題ではないのか」という倫理的批判が、やはり社会のほうから出てきました。それまでは、「何も価値判断をしないほうがよい」ということで、いろいろなものを同列に扱《あつか》う傾向があったのですが、そういう批判が出てきたわけです。

宗教学者の「価値判断」が鈍《にぶ》る原因

実は、それ以前の一九七〇年代にも霊能《れいのう》系宗教のブームがありました。例えば、ＧＬＡや真光《まひかり》、阿含宗《あごんしゅう》など、そういう宗教が流行《はや》った時代があったのです。

さらに、一九八〇年代になると、オウム真理教の前身である「オウム神仙《しんせん》の会」や、後にワールドメイトと名前を変えて、深見東州《ふかみとうしゅう》という人がやっておりますが、当時は「コスモメイト」と呼ばれた団体が生まれました。また、福永《ふくなが》法源《ほうげん》の「法《ほう》の華三法行《はなさんぽうぎょう》」もありました。

なお、幸福の科学も、このころに誕生しています。つまり、八〇年代にも、新宗教のラッシュが続いたわけです。

これに対し、「価値判断を加えずに、それぞれを研究する」という場合もあれば、宗教学者自身が感情移入して、ちょうど医者が患者《かんじゃ》を診断《しんだん》するように研究する場合もありました。つまり、自分が見て分かってしまう相手のことは書きやすいので、そちらのほうは取り上げて、分かりにくいものについては逃《に》げる傾向があるわけです。あるいは、言葉は選ばなければいけないとは思うけれども、〝羽振《はぶ》りがよすぎる〟宗教の場合には、嫉妬《しっと》する傾向があったのではないでしょうか。

いずれにせよ、そういう傾向が価値判断を鈍《にぶ》らせたところがあったわけです。

幸福の科学は、オウム真理教について「間違《まちが》っている」と指摘《してき》していたのですが、それを聞かずに、「宗教同士の争いや嫉妬ではないか」というように見ていたのだと思います。

むしろ、オウムのほうが正統な仏教の路線にあり、チベット密教《みっきょう》の流れを引いていると思っていたのでしょう。坐禅《ざぜん》のポーズや、修行《しゅぎょう》が厳しそうなところなど、外見を似せているので、それに騙《だま》され、実は、サリンをつくったり、麻《ま》薬《やく》を飲んだりしているような宗教だということが分からなかったわけです。むしろ、「スーツ姿の外見で活動している幸福の科学のほうが、宗教らしくない」と批判するような学者も数多く出てきました。

ところが、一九九五年にオウム事件が起き、宗教学のほうは一斉《いっせい》に引いてしまったのです。また、国会では、宗教法人法改正があり、「すべての宗教のお金の動きをつかまなくてはいけない」ということで、財産目録や収支計算書などの提出義務を決めたり、監督《かんとく》強化をしたり、いろいろなことをし始めたため、宗教界からは、かなりの反発を受けたと思います。

10 キリスト教や仏教の弱点を補完する「幸福の科学」の教え

「神の計画」を知らせ、「転生輪廻《てんしょうりんね》」を明らかにする

そういうわけで、幸福の科学の動きは、基本法としての教義を説いて、そのなかに、世界宗教を中心とするいろいろな宗教の大事な部分と、それ以外に、哲学《てつがく》やその他の思想のなかで、学問的に見て重要なものも、教えのなかに取り込《こ》まれています。そのため、「学問的に普遍性《ふへんせい》がある」ということについては、初期のころから、一部の良識派《りょうしきは》の学者からも指摘《してき》されていたと思います。

　また、個別の霊界《れいかい》証明として、あの世の高級霊の霊言《れいげん》というものを何百冊と紹介《しょうかい》していますが、これだけでは十分ではないため、その一部には悪霊《あくれい》あるいは地獄《じごく》霊、悪霊《あくりょう》、悪魔《あくま》といわれるものの霊言等も出すことで、「こういう世界に迷っている人もいるのだ」ということを実証として示し、人間の死後の世界について知らせようとしているわけです。

　このように、幸福の科学の教えは、「神の計画を知らせる」とともに、「実際の人間の転生輪廻《てんしょうりんね》の姿を浮《う》き彫《ぼ》りにしている」という点では、宗教としての使命を果たしていると言えるでしょうし、キリスト教や仏教の十分でないところをカバーしているとも考えられます。

　すなわち、キリスト教において、人間として生まれてくる前の姿がよく分からない部分について、きちっとカバーするとともに、仏教の最大の弱点の一つである、「この世の否定」につながるような部分もカバーしているのです。

仏教の「唯物論《ゆいぶつろん》」や「虚無主義《きょむ》」への流れを軌道修正《きどう》する

釈迦《しゃか》は、「この世に執着《しゅうちゃく》をするということは、あの世の実在界に旅立つときの邪魔《じゃま》になる。実際、この世よりも実在界のほうが幸福な世界であるから、生きている間に、そちらの世界への旅立ちを妨《さまた》げるようなことはすべきでない」といった教えを説いていました。

要するに、「この世をなるべく軽く見て、霊的な生活、無執着の生活をすることによって、実在界に憧《あこが》れ、あの世の彼岸《ひがん》に渡《わた》ることを重視せよ」という教えを説いていたわけですが、それがある意味での、この世の否定にもつながる面があり、一部に「唯物論《ゆいぶつろん》」や「虚無《きょむ》主義」につながる流れが出てきているので、これに対し、幸福の科学は明確に軌道《きどう》修正をかけていると見てよいでしょう。

この仏教のなかの「虚無主義」と、「この世の中の発展・繁栄《はんえい》に対して無関心」というところこそ、インドで仏教が滅《ほろ》び、現実にこの世の発展・繁栄を応《おう》援《えん》しているヒンドゥー教に敗れた理由でもありました。そういう「出家修行者《しゅっけしゅぎょうしゃ》だけの宗教」になっては駄目《だめ》なのです。小乗《しょうじょう》系の仏教にもそういうところがあります。

南伝《なんでん》（小乗）仏教では、男性はみな出家する習慣があるのですが、それはごく短期間に限られており、出家したときだけ戒律《かいりつ》を守っているのです。寺院から戻《もど》ってくると、今度はその反動によって、「飲むわ、歌うわ、異性遊びをするわ」で、いっそうこの世の欲が激しくなるような傾向《けいこう》もあります。そのように、出家期間だけ厳しくして、そのあとに反作用が来るような世界をつくっていますので、こういう弱点の部分をカバーしなければいけません。

「この世での御利益《ごりやく》」を認めたヒンドゥー教や日本神道《しんとう》の教え

ヒンドゥー教などは、この世的な発展・繁栄にも関心がありますが、「人間として生まれて、生きていくことへの欲望・願望はあるけれども、やはり、そのなかの正当なものについては認めるべきだ」という考えでしょう。

それが、他人を害したり、欲が過ぎて、自分を滅ぼしたりするようなところまで行くのは、宗教的には過ぎていることであっても、自分が生《せい》を持って生きている間の願望、自己実現の願望を否定したら、やはり、その宗教を信じた人は元気がなくなり、この世から遊離《ゆうり》していくかたちになります。

「正しい教えを信じている人は、あの世に還《かえ》れるのは当然としても、この世でも『御利益《ごりやく》』というかたちでの何らかの幸運・幸福が訪《おとず》れてもよいのではないか」と考えるのは、ごく当然の思想でしょう。

そういうものが、インドにおいてヒンドゥー教として遺《のこ》っています。

また、日本神道《しんとう》も、基本的にはヒンドゥー教とよく似た宗教だと思います。根本的には似ています。

日本神道においては、基本的に、「戦《いくさ》では、神の御加護を受けている者が、当然勝つべきだ」「商売では、信心《しんじん》深い人が繁盛《はんじょう》して当然だし、信仰《しんこう》深い人がお金儲《かねもう》けできたり、出世したりするのはよいことだ」といった考え方が入っていますが、そういう意味では、それを簡単に否定することはできません。

「仏教はこの世を否定した」と取られてもしかたがない面もある

したがって、「この世への執着を去ることによって、一気に実在界へとジャンプして、悟《さと》りの世界に入ろう」と、仏陀《ぶっだ》が一転語《いってんご》として説き、実践《じっせん》したことは、ある意味で、彼自身の「オリンピック選手のような超人《ちょうじん》的なジャンプ力」を意味してはいますが、やはり、誰《だれ》も彼もができることではなかったと思うのです。

それは、フィギュアスケートで三回転半ジャンプを決めるようなもので、そう簡単にできるものではありません。「誰でもできる」とは言うものの、それに近づくことはできたとしても、そう簡単に完成するところまではいかないところがありました。やはり、この世の社会の存在の意味については、十分に説き切れなかった面があったことは否《いな》めません。

それから、仏教の特徴《とくちょう》の一つに、「カピラ城を捨て、結果的に釈迦族が滅びることになってもつくった教団である」という点があります。すなわち、宗教教団として、「この世の繁栄」よりも「教えが広がっていくことの繁栄」のほうを取ったわけですが、その行為《こうい》そのものが、「この世を否定し、あの世を肯《こう》定《てい》した」というように取られたのは、しかたがない面もあります。

プロテスタントはキリスト教の〝ヒンドゥー教化〟〝日本神道《しんとう》化〟

このように、どの教えにも不十分なものはあるでしょう。

仏教の教えが不十分であるために滅びていった部分、あるいは、「現代の世界には三億人程度しか仏教徒がいない」と言われ、信者が減っている状況《じょうきょう》に対し、足りないところを補おうとする運動として「幸福の科学の教え」があるように思います。

また、キリスト教においても、プロテスタントの一部には「予定説」があり、金儲けで成功するのにも、「神の栄光を地上に持ち来たらそうとして、それを証明するために選ばれた人がいるのだ」と考えられています。それが誰かは分からないけれども、この世で一生懸命《いっしょうけんめい》、仕事に励《はげ》んで成功し、発展・繁栄することによって、「ああ、この人が神に選ばれた人だったのだ。神の栄光を表したのだ」と捉《とら》えるわけです。

要するに、「神のグローリー（栄光）を表す」ということでは、〝ヒンドゥー教化〟あるいは〝日本神道化《しんとう》〟したのがプロテスタントなのだと思います。

この流れが「ヨーロッパの繁栄」から「アメリカ大陸の繁栄」へと移動していくわけですが、これがなければアメリカの繁栄はなかったはずです。

つまり、「神から選ばれた人」が、実は、財閥《ざいばつ》あるいは大企業《だいきぎょう》をつくっていくような人になっていったわけであり、彼らは、クリスチャンでありながら、その繁栄を実現していきました。実際に雇用《こよう》を生み、社会を豊かにしていき、その豊かな社会のなかで、教会の財政的な部分も支援しながら、キリスト教を広めていく部分を受け負ったのです。

全体的に、それらには同じような流れがあると思います。

11　すべての宗教・学問を融合《ゆうごう》する「四正道《よんしょうどう》」

幸福の科学の基本教義「正しき心の探究」と、「幸福の原理」としての「四正道《よんしょうどう》」

このあたりのことを理論的にきちんと説明したのが、「愛・知・反省・発展」の「四正道《よんしょうどう》」という幸福の科学の教えです。

もともと、幸福の科学では、「宗教修行《しゅぎょう》として、『正しき心の探究』が大切である」と説かれてきました。この「正しき心の探究」の具体化が「幸福の原理」です。さらに、「幸福の原理」には、「愛の原理」「知の原理」「反省の原理」「発展の原理」があり、この四原理の探究が大事なのだと教えています。

これは、幸福の科学の教義として基本的な部分です。私の「法シリーズ」のなかでは『幸福の法』（幸福の科学出版刊）に書かれており、幸福の科学の信者はみな、よく知っている教えではあります。ただ、本として、「幸福の原理」だけを括《くく》り出して、繰《く》り返し繰り返し訴《うった》えかけるようなことをあまりしていないので、外部の人には分かりにくい部分かもしれません。

このように、基本教義として「四正道」が説かれているわけです。

キリスト教や仏教を融合《ゆうごう》した「愛の発展段階説」

愛の教えについては、当然、キリスト教的な愛もありますが、仏教的にいえば「利他《りた》」や「慈悲《じひ》」の行為《こうい》であり、そうしたものを仏陀《ぶっだ》は否定していません。よく、「仏陀は愛の行為を否定している」などと誤解されますが、それは「執着《しゅうちゃく》の愛」を否定しているのであって、「利他」や「慈悲」の行為を否定しているわけではないのです。むしろ、大乗《だいじょう》仏教ではそれを非常に推進しています。

そうしたキリスト教的愛や仏教的慈悲を「愛の原理」のなかで説いています。また、この愛にはレベルがあり（愛の発展段階説）、例えば、「隣人《りんじん》愛」や「家族愛」など、人間として当然持つべき倫理《りんり》的愛として、「愛する愛」というものがあります。

そして、それを少し超《こ》えたものとして、利他的な思いを中心にした生き方、優《すぐ》れた人間の愛があり、「生かす愛」といいます。これは、幸福の科学で説かれている霊界《れいかい》の次元構造、悟《さと》りの段階でいえば、六次元的なものだと言えましょう。

その上には「許す愛」というものがありますが、これは宗教的な愛の境地です。

「この世において政治的・経済的に成功する」という意味での、「最大多数の最大幸福」的な弱者救済のようなものを乗り越《こ》え、もう一段、人の罪をも許すところに入っていきます。すなわち、「神仏のつくられた存在が、今世《こんぜ》、魂《たましい》修行で苦しんでいるのだ」という目で、道徳的な罪や宗教的な罪を許し、悪なる存在をも導いていこうとする「宗教者《しゅうきょうじゃ》としての愛」になってきます。これを七次元的な愛である「許す愛」といいますが、仏教的には「菩薩《ぼさつ》の教え」に当たり、キリスト教的には「天使の教え」に当たります。

さらに、これを超えた「存在の愛」というものがあります。これは、「如来《にょらい》の愛」あるいは「大天使の愛」です。

このレベルまで来た人たちは、世界的な大宗教の開祖になったり、大きな思想家になったりしていますが、新しい事業を始める際、ある人を根っこにして大きな事業が始まっていくようなときに、如来という存在が出てくるのです。すなわち、その人がその時代に生まれたことで、時代が大きく変わり、よい方向に変わっていくような根源的な存在を「存在の愛」と呼んでいます。当会ではこれを八次元的な愛と言っているわけです。

そして、その上の九次元的な愛として、「救世主の愛」というものがあります。イエスや仏陀、モーセなど、世界的な宗教家の魂が住んでいる世界における愛があるのです。

ここについては難しいところであるので、まだそれほど十分に説かれていない九次元の宗教家も存在するようではありますが、いずれ説かれることもあるでしょう。

「エル・カンターレ」とはいかなる存在か

ただ、幸福の科学がさまざまな世界宗教を比較《ひかく》・分析《ぶんせき》しつつ研究しているもののの中心は仏陀で象徴《しょうちょう》されていますが、この仏陀として象徴されているものの本体意識を「エル・カンターレ」と呼んでいます。

このエル・カンターレ意識の魂のなかには兄弟がいて、よく出てくるのは仏陀とヘルメス●です。

仏陀は、仏教の旗印《はたじるし》である諸行無常《しょぎょうむじょう》・諸法無我《しょほうむが》・涅槃寂静《ねはんじゃくじょう》の「三法印《さんぼういん》」を中

●ヘルメス　4300年前にギリシャに実在した王であり英雄。「愛」と「発展」の教えを説き、全ギリシャに繁栄をもたらし、西洋文明の源流となった。エル・カンターレの分身の一人。

心とした悟りを得るところに重点を置いています。

また、ヘルメスは、実はイエスの愛の教えの部分について霊的に指導しました。さらに、後《のち》の新教（プロテスタント）以降の発展・繁栄《はんえい》のところにも、このヘルメスの指導がそうとう入っていますし、大乗仏教の発展・繁栄にも関係があると言われています。

この仏陀・ヘルメスという〝両輪《りょうりん》〟が存在することがはっきりしています。

さらには、エル・カンターレの魂の兄弟のなかにはトスという神もいます。

これは、エジプトでは、最初の学問や文字をつくった「学問の神」といわれるトートという神のことです。実は、超《ちょう》古代文明のアトランティスに由来する神なのですが、その存在が、今、幸福の科学大学等の教育系の部分を指導し、「学問としての幸福の科学」を打ち立てようとしているのです。

したがって、現在、これに対し、「人間の学者が抵抗《ていこう》し、せき止めようとして、神との戦いが起きている」という図式になっているると言えるでしょう。

また、ムー時代のラ・ムーも出てきますし、古代エジプトにおいて「復活信《しん》仰《こう》」を説いたオシリスに当たるオフェアリスという存在もいると言われています。

さらには、南米においては、かつてのインカでリエント・アール・クラウドという方が宇宙との交信を含《ふく》むような大きな文化をつくったことがあることも説かれているわけです。

今後、「宇宙の法」として説いていくことが増えていくでしょうが、時代を見つつ、宗教としての社会的な適合性を見ながら説かれていくものと思われます。

これらが、エル・カンターレの魂の兄弟です。

「宇宙の法」の探究の方向のなかに「未来学」が入っている

ちなみに、幸福の科学では、来年二〇一五年に映画「UFO学園の秘密」というアニメーション映画を予定していますが、英語名では「The《ザ》 Laws《ローズ》 of《オブ》 the《ザ》 Universe《ユニバース》 - Part《パート》 0《ゼロ》」ということで、「宇宙の法」の始まりの部分が説かれる予定であり、さらに宇宙の時代についての「宇宙の悟り」のほうへと向かおうとしています。

すなわち、『太陽の法』で説かれた地球的な悟りをさらに超え、「宇宙の法」へと向かおうとしているのが、今、幸福の科学の置かれている立場だと思うのです。

次には、基本教学としての「宇宙の法」が入ってくるでしょうし、その方向のなかに、実は、未来工学や未来物理学、あるいは未来の諸学問が入っているでしょう。そのため、教えのなかにも、「未来についての研究学」、「未来学」が入っていると言えるのではないかと思います。

「反省」で〝心の塵《ちり》〟を落とし、「透明度《とうめい》の増した心」を持つ

幸福の科学では、「愛の原理」とともに、仏教的な悟りも説かれ、「自分の心を研ぎ澄《す》ますことによって悟りを得て、次元上昇《じょうしょう》を起こす」ということが説かれています。

結局、この部分は、仏陀の教えとも同じですが、「〝心の塵《ちり》〟を落として、透《とう》

明度《めい》の増した心を持つようになれば、神仏の光が射《さ》してきて、実在界が見えるようになってくる。心が澄めば、神通力《じんつうりき》まで得ることができるようになる」ということです。

幸福の科学では、「〝心の塵〟を落とす」という反省行《ぎょう》をやっているのです。

先ほど言った「愛・知・反省・発展」のうち、「知」の部分は、仏教的真理をも含んだ、この世的で有用な学問をカバーしていると思いますが、「反省」の教えのなかには、仏教的な「八正道《はっしょうどう》」の反省や、キリスト教的にいえば「懺《ざん》悔《げ》」の部分も入っていると思います。

「悔《く》い改《あらた》め」というものは、どこの宗教にでもあるものなので、「懺悔」「悔い改め」「反省」が入っていますが、この八正道的な反省は仏教の教えではあります。

それ（八正道）を使わなくてもよろしいのですが、善悪の問題を真理から学び、「間違《まちが》った」と思うものについては反省し、善なる思いを持つことで、心のなかの〝赤字〟が消えて〝黒字〟に変わります。

そして、天国的な心に変わっていくと、要するに、ごみで煤《すす》けた窓ガラスが拭《ふ》かれたときのように、〝外の景色〟が見えるようになるのです。

この世の人間に、実在界の世界、四次元以降の世界が見えなくなっているのは、地上に生まれ、物質にまみれて生きているうちに、その世界のことが分からなくなっているからです。

この部分を取り除いて、透明な心を持てば、あの世の世界が見えるようになって、あの世の守護《しゅご》・指導霊《しどうれい》から通信が受けられるようになります。

このような教えを、基本的には説いているのです。

「発展」の教えでは、「人間の心と体」や「社会の繁栄《はんえい》」を扱《あつか》う

四正道の最後である「発展」の教えのなかには、さまざまな経営学まで入っています。「経営成功学的な考え方」も入っていれば、「個人の努力・精進《しょうじん》の教え」も入っていますし、先ほど老荘《ろうそう》思想を言いましたが、逆に、そういう「リラックスして心の平静《へいせい》を保つ教え」も入っています。

いろいろなかたちで「人間の心と体」および「社会の発展・繁栄《はんえい》」を扱《あつか》い、よりよき社会をつくっていくための方法は何であるかということを模索《もさく》する部分が、「発展の原理」のなかに入っています。

その一助《いちじょ》として、学問的には、「幸福の科学的な宗教を、学問として世の中

の実用に役立てたい」という考えが入っているのです。

また、このなかには、「思いは実現する」という心の法則も説かれていて、「それで発展が実現されるのだ」ということも説かれています。

このへんについてはアメリカの「成功哲学《てつがく》」が数多くありますが、日本でも、本格的な「心の成功哲学」が、今、幸福の科学によって紹介《しょうかい》され、説かれていると見ることができますし、実際に、それによって「人生の立て直し」が行われているケースが数多くあるのです。こういうことが言えます。

12　多様な価値観を認め、発展し続ける「幸福の科学」

「この世とあの世を貫《つらぬ》く幸福」を目指している

こうした「四正道《よんしょうどう》」というものが幸福の科学の教えの中心にはありますし、「心のコントロール」から「悟《さと》りの発展」というものを十分に考えています。

ある意味では、〝この世を無意味化〟することは、人生の数十年を無駄《むだ》にすることになるので、この数十年も「魂《たましい》の修行《しゅぎょう》」として十分に生かし切り、この世において、「完成された自己像」「あの世にもそのまま持って還《かえ》れるような自己像」をつくりたいものです。

「あの世に持って還れるものは心だけしかない」とか、「あの世に持って還れるものは信仰《しんこう》だけしかない」とか、そういう言い方を幸福の科学ではしていますが、「あの世に持っていけるような、魂の財産部分を、今世《こんぜ》の人生経験のなかでつくっていこう」ということを、基本的に教えているのです。

そして、「この世とあの世を貫《つらぬ》く幸福」を実現しようとしています。

宗教には、「この世での幸福を否定して、あの世だけでの幸福」を説くものもあり、「この世では幸福で、あの世では不幸」という説き方もありますし、「両方とも不幸」というものや、「両方とも幸福」というものもありますが、幸福の科学は、「この世とあの世を貫く幸福」というものを、一つ目指しているのです。

したがって、この世での「ブッダランド（仏国土《ぶっこくど》）・ユートピア」的なものは、あの世での幸福につながるものでなければなりません。

「多様な価値観」を認め、「民主主義的な思想」を持っている

幸福の科学の教えのなかには、「諸宗教間の調和のなかに、グローバルな意味での成功をつくっていきたい」という願いが入っていると言ってもよいと思います。

そういう考え方をするためには、やはり、「多様な価値観」や「多元的な価値観」を認めることが必要ですし、そのなかには「民主主義的な思想」も入っています。政治的には、民主主義的な思想が多様な価値観のなかで現れている

わけです。

例えば、霊言集《れいげんしゅう》では、霊人《れいじん》の国籍《こくせき》を問わず、いろいろなかたちの霊言が発表されていますが、史上かつてないぐらいの幅広《はばひろ》さで出ています。

これは、ある意味で、政治の原理などともよく合うものなのです。日本神道《しんとう》では、「古代においては、八百万《やおよろず》の神々が高天原《たかまがはら》で神評定《かみひょうじょう》をし、国の政《まつりごと》を決めた」と言われていますが、それと同じように、民主主義的な政治の原理と合いますし、経済の原理とも合う考え方ではあるわけです。

「多様な価値観を認めながら、そのなかで、人類をよりよく導く考え方を選び取っていく。人々から批判を受け、その考え方を聴《き》きつつ、よりよいものを紡《つむ》ぎ出していく」という考え方が政治的な原理になって、今、政党活動（幸福実現党）もやっているのでしょうし、「教育の改革をして、教育でも世の中をよくしていきたい」という運動になっているのでしょうし、いろいろな国際的支援《しえん》活動にもつながっているのだろうと思います。

「日常生活への密着感」は、すでに出来上がっている

このように見てくると、幸福の科学の教学は、だいたい、「基本法」を中心にして説かれてはいますが、それ以外に、「霊言」や「自動書記」というかたちで宗教現象があり、霊界《れいかい》の証明としての「霊言集」もあります。

また、外部には売られていない内部経典《きょうてん》があり、「密《みつ》」の部分の教えを本にしたものを内部に持っています。

さらには、書き下ろしの「お経《きょう》」として、『仏説《ぶっせつ》・正心法語《しょうしんほうご》』があります。

これは霊言を自動書記に変えたものであると言ってもよいのですが、根本神《こんぽんしん》霊《れい》から受けたお経を書き下ろした経文《きょうもん》です。

お寺のお坊《ぼう》さんが葬式《そうしき》や法事《ほうじ》のときに読む経文よりも、はるかに効果が高く、『般若心経《はんにゃしんぎょう》』の一万倍もの効果がある」と自称《じしょう》していますが、そういうお経を使うことによって、心の精神統一ができますし、それは冠婚葬祭《かんこんそうさい》に当たることのときにも使えます。

そういうものを自前《じまえ》で持っていますし、現在では、先祖供養《くよう》や葬式もできる体制がつくられています。

そういう意味での「日常生活への密着感」は、すでに出来上がっていると言ってもよいのではないかと思います。

幸福の科学全体を見るかぎりでは、基本的に、非常に透明感《とうめいかん》が強くて、「内で考えていること」と「外に言っていること」との区別がそれほどなく、本音などがストレートに出てくるところなので、多くの新宗教の問題点とされている、「騙《だま》しのテクニック」のようなものは、基本的に使っていない教団であると言えます。

非常にストレートに、はっきりと物事を言っていて、「神の教え」として流れています。そういう意味では、内と外の差は、それほど大きくはありません。

ただ、内部には独特の宗教的儀式《ぎしき》を持っていますし、エクソシスト的な部門というか、悪霊祓《あくりょうばら》い的な面も、いちおう宗教として兼《か》ね備えている面はあると言えると思います。

「社会活動」や「教育事業」にも実績のある幸福の科学

幸福の科学の特徴《とくちょう》は、ほかにも、いろいろとあります。

ＮＰＯ（非営利団体）支援として、いじめから子供を守る活動をしています し（「いじめから子供を守ろうネットワーク」支援）、障害児支援の「ユー・アー・エンゼル！」運動や「自殺防止キャンペーン」等も行っています。また、〝寺子屋《てらこや》〟形式で、いろいろな勉強の補助もしています（仏法真理塾《ぶっぽうしんりじゅく》「サクセスNo.1《ナンバーワン》」や、不登校児支援スクール「ネバー・マインド」）。

教育事業としては、幸福の科学学園中学校・高等学校を創立し、中高一貫《いっかん》校として、栃木《とちぎ》県の那須《なす》本校（二〇一〇年四月開校）と、琵琶湖《びわこ》のほとりの関西校（二〇一三年四月開校）とをつくりましたが、実績をそうとう上げており、すでに卒業生が二期出ている状況《じょうきょう》です。

現在（二〇一四年九月）、幸福の科学大学の設置認可を申請《しんせい》中ですが、那須本校と関西校とを合わせれば、毎年、二百人もの卒業生がいるわけですし、浪人《ろうにん》生もいます。

それから、全寮制《ぜんりょうせい》の那須本校や、琵琶湖のほとりの関西校に通えない人も、全国には大勢いるのですが、そういう子供たちは、仏法真理塾《ぶっぽうしんりじゅく》「サクセス№1」という、当会の支部や精舎《しょうじゃ》の関連施設《しせつ》のなかで、勉強を教わったりしています。

そういう子供たちも、「幸福の科学大学で勉強したい」という希望を持っていますし、海外の子弟《してい》のなかにも、「幸福の科学大学に留学したい」と思っている人が大勢います。

そうした子弟の希望も受け入れるべく、千葉県の広大な敷地《しきち》のなかに建物を建て、「幸福の科学大学」を開きたいのです。

他の「宗教系の大学」の現状とは

幸福の科学学園中学校・高校でも「信仰教育」をしています。

当会の信者の子弟などは、キリスト教教育や仏教教育、神道教育など、ほかの宗教の従来型の教育だけでは満足できません。幸福の科学の信者の子弟として生まれ、親からも家庭教育として信仰教育を受けてきた子供たちは、「それを学校でもきちんと教えてほしい」と思っています。

また、親たちも「しつけも、しっかりとやってほしい。いじめが起きたり、不良がたくさん出たりするような学校では学びたくない」と考えているのです。間違《まちが》った宗教信条などを入れられると、教義上、それを正しい方向に合わせていくのは、本当に難しいことなのです。

また、幸福の科学学園の生徒たちは、中高のときには、学校で幸福の科学の教義を学びながら生活しているのに、大学に入るや否《いな》や、そうはいかなくなり、「学内伝道禁止」という張り紙や立て看板が出ている大学もたくさんあります。

その点では国立大学は非常に厳しいのですが、宗教系の大学であっても、やはり、「学内で伝道してもらっては困る」と考えているようです。

要するに、「自分の大学の宗派の伝道だけは構わないが、それ以外は困る」ということです。それ以外の宗教の人も入学しているわけですが、「その大学の宗教以外の伝道は許されない」ということであれば、それは、「洗脳するために待ち構えている」ということになります。

そういうかたちの宗教系の大学は、すでにたくさんありますが、「宗教を信じている人は、そういう大学に入るか、無宗教の大学に入るか、どちらかしかない」ということで、選択肢《せんたくし》が非常に狭《せば》められているのです。

「信仰《しんこう》と学業の両立」というニーズには公益性がある

幸福の科学学園の中高で学んだ卒業生は、もう二百人もいます。新しく新設する幸福の科学大学の定員は、一学年が二百四十人、四学年で千人ぐらいです。そのぐらいの規模から始めようとしているので、定員が満ちるのは、もう目に見えています。

彼らの、「信仰《しんこう》を続けながら、学業もきちんとやりたい。そういう大学が欲《ほ》しい」というニーズは、非常に公益性のある、当たり前の考え方だと思うのです。

キリスト教系の大学はたくさんありますが、一つの代表例としていえば、桜《おう》美林《びりん》大学という、有名な大学があります。

その桜美林大学に入っている、幸福の科学の信者子弟もいるわけですが、彼らが私たちに送ってきた資料によれば、学内には「伝道禁止」という掲示《けいじ》がたくさんあるとのことです。プロテスタント系の一会派の教え以外は「伝道禁止」ということなのですから、彼らは、おそらく非常に〝苦しい〟勉強をしているのだろうと思います。

そういう人たちにとってもそうですし、「幸福の科学学園の中高で、学問として宗教教育を受けている人が、ほかのところの教えを受ける」というのも大変なことだと思うのです。

私の長男は青山《あおやま》学院大学に行きましたが、そこはキリスト教系の大学です。比較的《ひかく》〝緩《ゆる》い〟学校ではありますが、それでも、教祖の長男のところに大学から封筒《ふうとう》が届き、そのなかには、「日曜日には地元の教会に行くように」という勧誘《かんゆう》の手紙が入っているのです。ずっと来ていました。それが教祖殿《きょうそでん》に届くのですから、まこと〝失礼〟な話ですが、そういう現状があります。

やはり、「信教の自由」は「学問の自由」とともに守られるべきではないかと、私自身は思っています。

いろいろな観点から、「幸福の科学教学」を学問的に分析《ぶんせき》してみました。さまざまな立場にある方にとって、勉強になるものだと信じます。

あとがき

大川隆法の著作群が、理論書といわれる基本法と、霊界の実証としての霊言集に分かれ、さらに、その他の各種論別に合わせた個別法が出されている様子が実によくわかる本となっている。

全国的に宗教活動を展開するとともに、政党活動や教育事業、社会活動、映画等の文化活動にも同時併行的に救世運動を広げている点は、「不惜身命《ふしゃくしんみょう》」の思いが具現化したものと言ってよいだろう。

「幸福の科学」が宗教改革についで、政治改革や経済改革、教育改革に進出することは、立宗時に既に公表されていた。大変透明性の高い、有言実行型の宗教であるといってもよいだろう。

本書が、幸福の科学教学の学問性を高める貴重な一冊になることを祈る次第である。

二〇一四年　九月三日

幸福《こうふく》の科学《かがく》グループ創始者兼総裁《そうししゃけんそうさい》

幸福《こうふく》の科学大学創立者《かがくだいがくそうりつしゃ》　大川隆法《おおかわりゅうほう》

『「幸福の科学教学」を学問的に分析する』大川隆法著作関連書籍

『太陽の法』（幸福の科学出版刊）
『黄金の法』（同右）
『永遠の法』（同右）
『忍耐の法』（同右）
『勇気の法』（同右）
『幸福の法』（同右）
『マイケル・イズ・ヒア！』（同右）
『天才打者イチロー 4000本ヒットの秘密』（同右）
『キリストの幸福論』（同右）

「幸福《こうふく》の科学教学《かがくきょうがく》」を学問的《がくもんてき》に分析《ぶんせき》する

2014年9月4日　初版第1刷

著　者　大《おお》川《かわ》隆《りゅう》法《ほう》

発行所　幸福の科学出版株式会社

〒107-0052 東京都港区赤坂2丁目10番14号
TEL(03)5573-7700
http://www.irhpress.co.jp/

印刷・製本　株式会社 東京研文社

落丁・乱丁本はおとりかえいたします

ISBN978-4-86395-547-9 C0014

大川隆法シリーズ・**最新刊**

国際伝道を志す者たちへの外国語学習のヒント

国際伝道に求められる英語力、教養レベルとは? 230冊の英語テキストを発刊し、全世界100カ国以上に信者を持つ著者が語る「国際伝道師の条件」。

1,500円

日本神道的幸福論

日本の精神性の源流を探る

日本神道は単なる民族宗教ではない! 日本人の底流に流れる「精神性の原点」を探究し、世界に誇るべき「大和の心」とは何かを説き明かす。

1,500円

人間学の根本問題

「悟り」を比較分析する

肉体と魂の探究、さらには悟りまでを視野に入れて、初めて人間学は完成する! 世界宗教の開祖、キリストと仏陀から「人間の最高の生き方」を学ぶ。

1,500円

※表示価格は本体価格(税別)です。

大川隆法シリーズ・**最新刊**

財務的思考とは何か

経営参謀としての財務の実践論

資金繰り、投資と運用、外的要因からの危機回避……。企業の命運は「財務」が握っている! ドラッカーさえ知らなかった「経営の秘儀」が示される。

3,000円

「経営成功学の原点」としての松下幸之助の発想

「商売」とは真剣勝負の連続である! 「ダム経営」「事業部制」「無借金経営」等、経営の神様・松下幸之助の経営哲学の要諦を説き明かす。

1,500円

「人間学概論」講義

人間の「定義と本質」の探究

人間は、ロボットや動物と何が違うのか? 人間は何のために社会や国家をつくるのか? 宗教的アプローチから「人間とは何か」を定義した一書!

1,500円

大川隆法 ベストセラーズ・幸福の科学の基本教義を学ぶ

太陽の法

エル・カンターレへの道

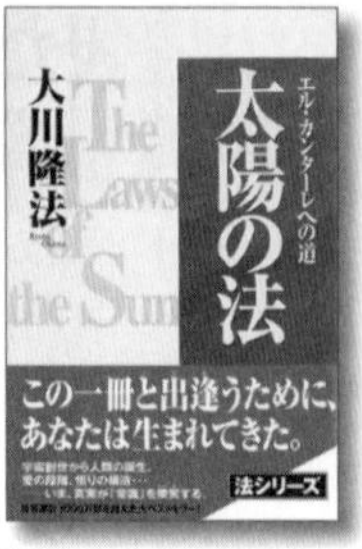

創世記や愛の段階、悟りの構造、文明の流転を明快に説き、主エル・カンターレの真実の使命を示した、仏法真理の基本書。

2,000円

黄金の法

エル・カンターレの歴史観

歴史上の偉人たちの活躍を鳥瞰しつつ、隠されていた人類の秘史を公開し、人類の未来をも予言した、空前絶後の人類史。

2,000円

永遠の法

エル・カンターレの世界観

『太陽の法』(法体系)、『黄金の法』(時間論)に続いて、本書は、空間論を開示し、次元構造など、霊界の真の姿を明確に解き明かす。

2,000円

幸福の法

人間を幸福にする四つの原理

真っ向から、幸福の科学入門を目指した基本法。愛・知・反省・発展の「幸福の原理」について、初心者にも分かりやすく説かれる。

1,800円

※表示価格は本体価格(税別)です。

Noblesse《ノーブレス》 Oblige《オブリージ》 「高貴なる義務」を果たす、「真のエリート」を目指せ。

幸福の科学学園
中学校・高等学校（那須本校）

Happy Science Academy Junior and Senior High School

「私は、
教育が人間を創ると
信じている一人である。
若い人たちに、
夢とロマンと、精進、
勇気の大切さを伝えたい。
この国を、全世界を、
ユートピアに変えていく力を
出してもらいたいのだ。
（幸福の科学学園 創立記念碑より）
幸福の科学学園 創立者
大川隆法」

幸福の科学学園（那須本校）は、幸福の科学の教育理念のもとにつくられた、男女共学、全寮制の中学校・高等学校です。自由闊達な校風のもと、「高度な知性」と「徳育」を融合させ、社会に貢献するリーダーの養成を目指しており、2014年4月には開校四周年を迎えました。

Noblesse《ノーブレス》 Oblige《オブリージ》

「高貴なる義務」を果たす、
「真のエリート」を目指せ。

2013年 春 開校

幸福の科学学園 関西中学校・高等学校

Happy Science Academy
Kansai Junior and Senior High School

私は日本に
真のエリート校を創り、
世界の模範としたい
という気概に満ちている。
『幸福の科学学園』は、
私の『希望』であり、
『宝』でもある。
世界を変えていく、
多才かつ多彩な人材が、
今後、数限りなく
輩出されていくことだろう。

（幸福の科学学園関西校 創立記念碑より）

幸福の科学学園 創立者
大川隆法

滋賀県大津市、美しい琵琶湖の西岸に建つ幸福の科学学園（関西校）は、男女共学、通学も入寮も可能な中学校・高等学校です。発展・繁栄を校風とし、宗教教育や企業家教育を通して、学力と企業家精神、徳力を備えた、未来の世界に責任を持つ「世界のリーダー」を輩出することを目指しています。

幸福の科学学園・教育の特色

「徳ある英才」の創造

教科「宗教」で真理を学び、行事や部活動、寮を含めた学校生活全体で実修して、ノーブレス・オブリージ(高貴なる義務)を果たす「徳ある英才」を育てていきます。

天分を伸ばす「創造性教育」

教科「探究創造」で、偉人学習に力を入れると共に、日本文化や国際コミュニケーションなどの教養教育を施すことで、各自が自分の使命・理想像を発見できるよう導きます。さらに高大連携教育で、知識のみならず、知識の応用能力も磨き、企業家精神も養成します。芸術面にも力を入れます。

一人ひとりの進度に合わせた「きめ細やかな進学指導」

熱意溢れる上質の授業をベースに、一人ひとりの強みと弱みを分析して対策を立てます。強みを伸ばす「特別講習」や、弱点を分かるところまでさかのぼって克服する「補講」や「個別指導」で、第一志望に合格する進学指導を実現します。

自立心と友情を育てる「寮制」

寮は、真なる自立を促し、信じ合える仲間をつくる場です。親元を離れ、団体生活を送ることで、縦・横の関係を学び、力強い自立心と友情、社会性を養います。

幸福の科学学園の進学指導

1 英数先行型授業

受験に大切な英語と数学を特に重視。「わかる」(解法理解)まで教え、「できる」(解法応用)、「点がとれる」(スピード訓練)まで繰り返し演習しながら、高校三年間の内容を高校二年までにマスター。高校二年からの文理別科目も余裕で仕上げられる効率的学習設計です。

2 習熟度別授業

英語・数学は、中学一年から習熟度別クラス編成による授業を実施。生徒のレベルに応じてきめ細やかに指導します。各教科ごとに作成された学習計画と、合格までのロードマップに基づいて、大学受験に向けた学力強化を図ります。

3 基礎力強化の補講と個別指導

基礎レベルの強化が必要な生徒には、放課後や夕食後の時間に、英数中心の補講を実施。特に数学においては、授業の中で行われる確認テストで合格に満たない場合は、できるまで徹底した補講を行います。さらに、カフェテリアなどでの質疑対応の形で個別指導も行います。

4 特別講習

夏期・冬期の休業中には、中学一年から高校二年まで、特別講習を実施。中学生は国・数・英の三教科を中心に、高校一年からは五教科でそれぞれ実力別に分けた講座を開講し、実力養成を図ります。高校二年からは、春期講習会も実施し、大学受験に向けて、より強化します。

5 幸福の科学大学(仮称・設置認可申請中)への進学

二〇一五年四月開学予定の幸福の科学大学への進学を目指す生徒を対象に、推薦制度を設ける予定です。留学用英語や専門基礎の先取りなど、社会で役立つ学問の基礎を指導します。

授業の様子

詳しい内容、パンフレット、募集要項のお申し込みは下記まで。

幸福の科学学園 関西中学校・高等学校

〒520-0248
滋賀県大津市仰木の里東2-16-1
TEL.077-573-7774
FAX.077-573-7775
[公式サイト]
www.kansai.happy-science.ac.jp
[お問い合わせ]
info-kansai@happy-science.ac.jp

幸福の科学学園 中学校・高等学校

〒329-3434
栃木県那須郡那須町梁瀬 487-1
TEL.0287-75-7777
FAX.0287-75-7779
[公式サイト]
www.happy-science.ac.jp
[お問い合わせ]
info-js@happy-science.ac.jp

仏法真理塾
サクセスNo.1
未来の菩薩を育て、仏国土ユートピアを目指す！

仏法真理塾「サクセスNo.1」とは

宗教法人幸福の科学による信仰教育の機関です。信仰教育・徳育にウエイトを置きつつ、将来、社会人として活躍するための学力養成にも力を注いでいます。

サクセスNo.1 東京本校（戸越精舎内）

「サクセス№1」のねらいには、「仏法真理と子どもの教育面での成長とを一体化させる」ということが根本にあるのです。

大川隆法総裁　御法話「『サクセス№1』の精神」より

仏法真理塾「サクセスNo.1」の教育について

信仰教育が育む健全な心

御法話拝聴や祈願、経典の学習会などを通して、仏の子としての「正しい心」を学びます。

学業修行で学力を伸ばす

忍耐力や集中力、克己心を磨き、努力によって道を拓く喜びを体得します。

法友との交流で友情を築く

塾生同士の交流も活発です。お互いに信仰の価値観を共有するなかで、深い友情が育まれます。

●サクセスNo.1は全国に、本校・拠点・支部校を展開しています。

東京本校	TEL.03-5750-0747	FAX.03-5750-0737	
名古屋本校	TEL.052-930-6389	FAX.052-930-6390	
大阪本校	TEL.06-6271-7787	FAX.06-6271-7831	
京滋本校	TEL.075-694-1777	FAX.075-661-8864	
神戸本校	TEL.078-381-6227	FAX.078-381-6228	
西東京本校	TEL.042-643-0722	FAX.042-643-0723	
札幌本校	TEL.011-768-7734	FAX.011-768-7738	
福岡本校	TEL.092-732-7200	FAX.092-732-7110	
宇都宮本校	TEL.028-611-4780	FAX.028-611-4781	
高松本校	TEL.087-811-2775	FAX.087-821-9177	
沖縄本校	TEL.098-917-0472	FAX.098-917-0473	
広島拠点	TEL.090-4913-7771	FAX.082-533-7733	
岡山本校	TEL.086-207-2070	FAX.086-207-2033	
北陸拠点	TEL.080-3460-3754	FAX.076-464-1341	
大宮本校	TEL.048-778-9047	FAX.048-778-9047	
仙台拠点	TEL.090-9808-3061	FAX.022-781-5534	
熊本拠点	TEL.080-9658-8012	FAX.096-213-4747	

全国支部校のお問い合わせは、サクセスNo.1東京本校（TEL. 03-5750-0747）まで。

メール info@success.irh.jp

エンゼルプランV

信仰教育をベースに、知育や創造活動も行っています。

信仰に基づいて、幼児の心を豊かに育む情操教育を行っています。また、知育や創造活動を通して、ひとりひとりの子どもの個性を大切に伸ばします。お母さんたちの心の交流の場ともなっています。

TEL 03-5750-0757　FAX 03-5750-0767
メール angel-plan-v@kofuku-no-kagaku.or.jp

ネバー・マインド

不登校の子どもたちを支援するスクール。

「ネバー・マインド」とは、幸福の科学グループの不登校児支援スクールです。「信仰教育」と「学業支援」「体力増強」を柱に、合宿をはじめとするさまざまなプログラムで、再登校へのチャレンジと、進路先の受験対策指導、生活リズムの改善、心の通う仲間づくりを応援します。

TEL 03-5750-1741　FAX 03-5750-0734
メール nevermind@happy-science.org

ユー・アー・エンゼル!(あなたは天使!)運動

障害児の不安や悩みに取り組み、ご両親を励まし、勇気づける、障害児支援のボランティア運動です。学生や経験豊富なボランティアを中心に、全国各地で、障害児向けの信仰教育を行っています。保護者向けには、交流会や、医療者・特別支援教育者による勉強会、メール相談を行っています。

TEL 03-5750-1741　FAX 03-5750-0734
メール you-are-angel@happy-science.org

シニア・プラン21

生涯反省で人生を再生・新生し、希望に満ちた生涯現役人生を生きる仏法真理道場です。週1回、開催される研修には、年齢を問わず、多くの方が参加しています。現在、全国8カ所(東京、名古屋、大阪、福岡、新潟、仙台、札幌、千葉)で開校中です。

東京校 TEL 03-6384-0778　FAX 03-6384-0779
メール senior-plan@kofuku-no-kagaku.or.jp

入会のご案内

あなたも、幸福の科学に集い、
ほんとうの幸福を
見つけてみませんか？

幸福の科学では、大川隆法総裁が説く仏法真理をもとに、「どうすれば幸福になれるのか、また、他の人を幸福にできるのか」を学び、実践しています。

入会

大川隆法総裁の教えを信じ、学ぼうとする方なら、どなたでも入会できます。入会された方には、『入会版「正心法語」』が授与されます。（入会の奉納は1,000円目安です）

ネットでも**入会**できます。詳しくは、下記URLへ。**happy-science.jp/joinus**

三帰《さんき》誓願《せいがん》

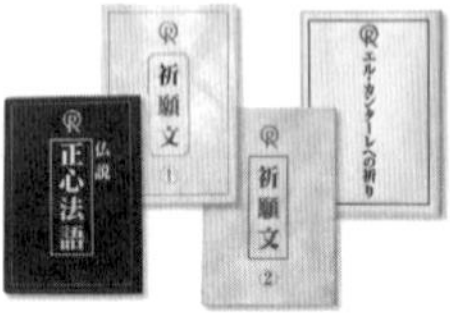

仏弟子としてさらに信仰を深めたい方は、仏・法・僧の三宝への帰依を誓う「三帰誓願式」を受けることができます。三帰誓願者には、『仏説・正心法語』『祈願文①』『祈願文②』『エル・カンターレへの祈り』が授与されます。

植福《しょくふく》の会

植福は、ユートピア建設のために、自分の富を差し出す尊い布施の行為です。布施の機会として、毎月1口1,000円からお申込みいただける、「植福の会」がございます。

「植福の会」に参加された方のうちご希望の方には、幸福の科学の小冊子（毎月1回）をお送りいたします。詳しくは、下記の電話番号までお問い合わせください。

月刊「幸福の科学」

ザ・伝道

ヤング・ブッダ

ヘルメス・エンゼルズ

INFORMATION
幸福の科学サービスセンター
TEL. 03-5793-1727（受付時間 火～金：10～20時／土・日：10～18時）
宗教法人 幸福の科学 公式サイト **happy-science.jp**